요한의 선교적 복음

품시리즈

'품시리즈'는 GMF 감사로 섬겨주신
故최윤호 장로님을 추모하는 기금으로
시작되었습니다.

품시리즈

"품"은 출판을 통해서 세계선교를 위한 성찰적인 기능과 새로운 대안을 모색하는 GMF Press의 시리즈 명칭입니다. 사단법인해외선교회(Global Missionary Fellowship: 약칭 GMF)는 1987년에 설립된 초교파 복음주의 선교 공동체이며, 세계 복음화를 위해 한국 교회와 전 세계 교회의 파트너로서 섬기는 일을 다하고 있습니다. GMF 산하에는 다음과 같은 기관이 있습니다.

파송기관: **GBT, GMP, HOPE, FMnC**

지원기관: **KRIM, GMTC, GPTI, GLF/KGLI, MK-Nest,** 법인사무국

품시리즈 위원: 권성찬, 김효찬, 이경춘, 홍현철

요한의 선교적 복음

1판 2쇄 발행 2021년 12월 27일
지은이 권성찬
발행인 양승헌
편집인 홍현철
디자인 윤희정
발행처 한국해외선교회 출판부(GMF Press)
주소 서울 양천구 목동중앙본로18길 78, 4층
전화 (02)2654-1006
이메일 krim@krim.org
등록번호 제21-196호
등록일 1990년 9월 28일

ISBN 978-89-86502-72-5 93230

CONTENT

추천사

정민영(전 위클리프 국제 부대표)

오래 기다렸던 책이 마침내 출판돼서 기쁘고 추천의 글을 쓰게 되어 영광스럽다. 요즘 나는 사람들에게 특정 주제의 책을 소개하기보다 좋은 저자를 천거하는 편이다. 그 사람이 쓴 글이나 책은 되도록 다 읽어 보라고 권하는데, 이 책의 저자도 그중 한 사람이다. 건강한 존재로부터 건강한 산물이 나온다는 이 책의 논조처럼, 신뢰할만한 저자가 쓴 책이라면 시간과 노력을 투자해 읽을만한 가치가 있지 않겠는가.

선교의 동역자로 장기간 산전수전을 함께 겪어왔으니 저자를 피상적으로 아는 입장은 아니다. 우리는 단순히 일을 함께 한 게 아니라, 이 책 앞부분에서 언급하듯 개인적으로나 선교단체 차원의 시행착오를 무수히 거치면서 복음과 교회와 선교의 본질에 대한 심각한 질문과 그 해답을 향한 성경적, 신학적 반추의 긴 터널을 함께 통과해왔다. 그 여정에서 발견하고 재발견한 저자의 깊은 통찰력과 건강한 관점이 이 책의 출판을 고대한 까닭이고 기꺼이 추천사를 쓰는 이유다.

초고를 받고 책의 구조를 따라 사흘간 차근차근 음미하고 묵상하며 읽었다. 영혼을 살찌우는 묵상이자 요한의 선교적 복음을 심층적으로 깨닫게 하는 계몽이었다. 단순히 요한복음이라는 한 권의 책에 갇힌 시각이 아니라, '하나님의 선교적 계시'라는 성경 전체를 관통하는 거대서사의 관점에서 요한이 유기적으로 담아낸 복음과 교회와 선교의 본질을 명쾌하게 풀어냈다. 신학을 공부하지 않은 독자가 쉽게 이해하도록 잘 풀어 썼지만, 전문적인 신학자라도 건성으로 읽으면 소화할 수 없는 묵상의 깊이가 놀랍다. 심오한 개념들을 쉬운 문장으로 풀어낸 요한의 글쓰기를 닮은 이 책을 모든 그리스도인들에게 강력히 추천한다.

감사의 말

선교 사역을 하면서 요한복음 선교적 읽기라는 연구를 동시에 진행하다 보니 논문을 마치는 데 상당한 시간이 걸렸다. 논문을 한국어로 번역하기보다는 같은 내용을 좀 더 평이하게 한국어로 쓰는 것이 선교에 헌신을 다해 온 한국교회의 성도님들에 대한 예의라고 생각했다. 하지만 한국으로 들어와 사역을 시작하느라 마음먹은 대로 되지는 않고 늘 밀린 숙제 같았다. 마침 한국해외선교회(GMF) 출판부에서 한국교회의 선교를 돕기 위해 좋은 책을 번역 혹은 저술하기로 결정하고 그 이름을 '품' 시리즈라고 붙였는데 위원회에서 시리즈의 첫 책으로 읽기에 다소 용이한 이 책을 요청하였다. 압박을 받아야 일을 마치는 버릇이 아직 남아 있어서 다행히 숙제를 마치게 되었다. 92 년 선교사가 된 이후 함께 동역해 오신 모든 분들로 인해 이만큼이라도 요한복음을 묵상하게 되었으니 동역자 여러분께, 특별히 파송교회인 염광교회의 황성은 목사님과 성도님들께 깊이 감사를 드린다.

추천사를 과분하게 써 주신 정민영 선교사님은 이러한 성경의 선교적 묵상이라는 여정을 늘 앞서가셨다. 이 책은 그 뒤를 따라간 배움의 작은 결과물이다. 원고를 성실하게 읽고 교정해 주신 이경춘 선교사님과 책이 나오도록 열정을 다해 주신 크림의 홍현철 원장님, 그리고 크림의 사역자들께도 감사를 드린다. 그림을 그려주신 배제형 선생님과 배주영 선교사님께도 감사를 드린다. 이 책이 지금까지 지나온 선교 여정의 중간 결과이기에 함께 걸어온 사랑하는 아내 김자화 선교사 그리고 두 아들, 용성이와 용수에게 감사의 마음을 전하고 기쁨을 함께 나눈다. 우리가 가는 여정의 끝은 주님과 하나 되어 성삼위 하나님의 교제에 참여하는 것이니 불러주신 하나님께 영광을 돌린다.

2021 년 10 월

권성찬

1

선교에서 성경으로

보내심을 받은 사람

요한복음 1장 6절

1

선교에서 성경으로

들어가면서

지금이 전환기에 있다는 사실은 모두가 동의할 것이다. 전환기란 하나의 합의된 공동의 인식이 서서히 깨지고 다른 인식이 나타나는 시기이다. 선교에 있어 지금까지 합의된 공동의 인식이란 선교 단체 그리고 그 단체들이 시작한 운동으로 선교를 이해하던 시기를 말한다. 이 시기는 우리에게 익숙한 대로 '미전도 종족', '10/40 창문'과 같이 과업을 제시하는 여러 운동 용어들로 요약될 수 있다. 그런 용어들 자체가 문제가 있는 것이 아니라 그 용어들을 사용하여 인식하는 우리들의 선교 인식이 미흡하다는 데 문제가 있다. 선교를 마쳐야 하는 운동과 과업으로 인식하면 이를 해결하기 위해 소위 세상에서 사용하는 '경영'과 '전략'의 시각으로 선교를 바라보는 왜곡이 일어나기 때문이다.

전환기에 물어야 하는 중요한 질문은 “변화한 세상에 맞는 적절한 전략이 무엇인가?”라는 질문 이전에 “우리는 정말 성경을 통해 말씀하시는 ‘하나님의 선교’를 이해하고 있는가?”라는 질문이어야 한다. 시대의 변화에 따라 적절한 전략을 생각해야 하는 것은 마땅한 일이지만 전환의 시기에는 먼저 우리가 출발했던 그 ‘출발점’, 즉 선교의 본질을 다시 물어야 하며, 혹 우리가 거기에서 많이 벗어난 것은 아닌지 반추해 보아야 한다. 그리고 나서 그 본질에 기반하여 변화된 세상에 적실한 방식을 다시 생각해야 한다. 본질을 먼저 반추하는 과정을 생략하고 변화된 세상을 뒤쫓는 방식이나 전략만을 강구한다면 그것은 ‘하나님의 선교’에서 더욱 벗어나는 일이 되고 결국에는 외형은 화려하나 기초가 약해 홍수가 나면 무너지는 집과 같을 것이다.

2000년대 들어서면서 ‘하나님의 선교’라는 용어가 선교계에 다시 등장했다. 선교의 위대한 세기라고 불리던 19세기를 지나 ‘선교의 완성’에 들떠 있던 20세기 초에 인간의 추악함을 스스로 보게 되는 세계 대전이 일어나면서 반추의 시간이 왔고, 선교를 교회의 과업 혹은 선교 단체의 운동으로 끌고 가던 힘이 무너지면서 ‘활동은 본질의 반영’이어야 한다는 생각이 확산되었다. 다시 말해 하나님의 백성들이 모인 교회의 활동은 성삼위 하나님의 속성, 본질을 반영하는 활동이어야지 마치 교회 스스로가 만들어내는 활동처럼 되어서는 안 된다는 생각이었다. 삼위일체 속성을 반영하는 선교로서 '하나님의 선교'라는 용어가 라틴어를 빌어 '미시오데이'라는 말로 퍼져나가게 되었다. 다시 말해서 '미시오데이'는 교회라는 이름으로 진행해 온 인간 중심의 선교 활동에 대한 반성을 포함하는 용어이다. 하지만 논의는 이러한 반성을 넘어 왜곡이 일어나 '하나님의 선교'는 마치 교회의 역할이 없는 것처럼 비약하는 데에 이르게 되었다. 그 결과 이 용어는 소위 '자유주의' 용어로 치부되었고 복음주의 안에서 사용을 꺼리게 되었다. 그렇게 묻혀 있던 용어가 2000 년대에 다시 등장한 이유는 1980 년대 이후 다시 고개를 들게 된 선교 과업이 불과 20 여 년이 지나지 않아 다시 반성해야 할 상황에 이르게 되었기 때문이다. 하나님의 선교는 다시 본문으로 돌아갈 것을 요구하였다. 가장 먼저는 성경 전체를 선교적인 이야기로 풀어나가는 소위 거대 서사(grand narrative)에 대한 연구와 책들이 출판되었고 그런 흐름을 성경의 선교적 관점, 선교적 해석학 등의 용어로 부른다. 이제 이 본문 연구는 성경 전체의 큰 줄거리를 이해하는 것을 넘어 성경의 각 권을 선교적으로, 특별히 성경 전체적인 문맥 안에서 각 권을 보는 데까지 나아가야 한다. 이를 정경적 성경 읽기라 부른다.

이 책은 그런 숙제를 안게 된 한 선교사의 반추이다. 앞으로 더 깊은 연구 서적들이 나올 것으로 기대하지만 우선 물꼬를 트기 위해 선교를 여러 자리에서 경험한 한 선교사가 반추하는 실천가(reflective practitioner)로서 요한복음 선교적 읽기를 시도한 것이다. 특별히 성경의 여러 책 중에 요한복음을 택한 이유는 그동안 과업 중심의 선교에서 요한복음을 제외한 다른 복음서들이 많이 사용되었고 그런 사용도 다소 기존의 선교 개념을 지지하기 위해 증거본문(proof-text)의 관점으로 사용되었기 때문이다. 이 책은 요한복음에서 기존 선교 개념을 지지해 주는 구절을 찾아 헤매는 여정이라기보다는 선교의 경험을 가진 -어떤 읽기도 진공 상태에서 읽을 수는 없으니- 한 선교사가 나름 최대한 성실하게 요한복음을 읽는 것이기에 다른 말로 선교사의 요한복음 읽기라고 말할 수 있다. 그 읽은 것이 이제껏 이해하고 있던 선교 그리고 선교 현장에서 의문을 품고 해결하지 못했던 문제들에 대해 나름의 답과 교정과 도전을 줄 수 있기를 기대한다. 이제 요한복음을 읽기 전에 성경으로 돌아온 선교 여정을 소개하면서 각 여정에서 어떤 질문들이 있었는지 밝히려 한다. 본문에 상황을 대입하려는 목적이 아니라 본문을 충실하게 읽는 것이 목표이지만 누구도 진공상태에서 읽을 수는 없기에 요한복음을 선교적으로 읽고자 하는 선교사가 서 있는 자리를 이해한다고 생각하면 될 것이다.

나의 선교적 여정

나는 1992년 성경번역선교회(GBT)의 선교사로 허입되었다. 선교사가 되기로 헌신했을 때 나는 선교가 무엇인지 안다고 생각했다. 30년이 다 되어 가는 지금 한 가지 확실한 것은 선교 사역을 하면 할수록 선교를 더욱 모르겠다는 사실이다.

요한복음을 선교적 관점으로 들여 다 보기로 작정한 것은 바로 그 고민에서 출발했다. C. S. 루이스(C. S. Lewis 1970, 125)는 "우리가 보고 듣는 것은 대부분 우리가 어디에 서 있는가에 달려 있으며 또한 우리가 어떤 사람인가에 달려 있다"고 말했다.[1)] 자기가 보고 싶은 것만 보고 혹 그렇지 않다고 하더라도 자신이 영향을 받은 것에 따라 달라진다는 말이다. 선교에 대한 나의 이해가 성경에 근거하기보다 내가 영향받은 1990년대에 시작된 여러 선교 운동에 기반하고 있다는 사실을 깨닫게 되었다. 선교사로서 여러 다른 위치에 서게 되면서 내가 서 있던 선교 운동의 영향에서 벗어나 선교의 여러 다른 그림들을 볼 수 있게 되었다. 요한복음을 선교적으로 읽는 것이 내가 경험하고 고민한 주제들에 대한 근거를 찾는 작업은 아니다. 게다가 이것이 요한복음을 읽는 유일한 방법도 아니다. 다만 선교적 상황에서 한 선교사가 읽어 낸 하나의 읽기이다. 따라서 본문 읽기에 앞서 나의 선교적 여정의 이야기부터 시작하려고 한다. 그 여정에서 고민하고 발견한 문제들을 나누어 보려 한다. 바로 그 질문들이 요한복음을 선교적 관점으로 읽도록 한 동기를 제공했기 때문이다.

내가 경험한 선교적 여정은 세 번으로 나누어 볼 수 있고 각각의 여정은 선교에 대해 각기 다른 질문들을 던져 주었다. 다시 말하거니와 나는 이 질문에 대한 답을 찾기 위해 요한복음을 읽는 것이 아니라 이러한 질문들이 요한복음을 선교적으로 읽는 내 관점에 배경을 제공했다는 것이다.

세 번의 선교적 여정

1992 년 선교사로 허입된 이래로 나는 성경번역선교회라는 조직 안에서 크게 세 가지의 다른 역할을 감당하는 기회를 가지게 되었다. 싱가폴에서 성경번역에 필요한 언어학 훈련을 마치고 나서 1995 년에 가족과 함께 접근이 어려운 A 국으로

들어가게 되었다. 무슬림 국가였던 그 나라 안에는 공식적으로 교회가 존재하지 않았다. 선교 활동은 물론 금지되어 있었다. 국제 구호 단체에 소속되어 문해교육과 지역사회 개발 사역을 감당하면서 6 년간 사역했다. 2001 년에 성경번역선교회(GBT)의 대표로 선임이 되어 한국으로 돌아와 본부 사역을 하게 되었다. 당시 한국에서는 국제 선교 운동들이 들어와 확산되고 있었다. 지역교회들 안에서 선교에 대한 관심도 높아지던 때였다. 선교학교 등 다양한 모임에서 선교에 대해 강의하는 기회를 가졌다. 7 년간의 본부 사역을 마치고 2008 년에 국제 성경번역 단체인 위클리프 선교회에서 국제본부 사역으로 초청을 받아 처음 2 년간은 연구개발 대표로 그리고 그 후 6 년간은 위클리프 아시아-태평양 대표로 사역하였다. 이 국제 선교 기관은 국제 단체 패러다임에서 세계 선교 공동체 패러다임으로 전환하는 과정을 시작했다. 따라서 나의 역할도 아시아와 태평양 지역에 있는 각 교단, 선교 기관들과 관계를 맺으며 그들이 스스로 자생적인 선교 공동체가 되는 것을 돕는 일에 초점을 맞추었다. 물론 이것이 무엇을 의미하는지 많은 생각이 필요했다. 이 세 번의 선교 여정은 내게 각각 다른 선교의 렌즈를 제공해 주었다.

과업 vs 관계

처음 사역을 감당했던 선교 현장은 A 국이었다. 선교에 헌신한 이후 현장에 도착하기까지 10 년이 걸렸다. 다양한 선교 훈련, 신학교 그리고 성경번역을 위한 언어학 훈련까지 제법 긴 세월이었다. 그 나라에 가서 전통적인 의미의 선교는 어렵다는 것을 알고 있었지만 적어도 한 종족에 가서 문해교육 등을 할 수 있고 천천히 그리고 조용히 성경번역 사역을 감당할 수 있을 것으로 기대했다. 하지만 그 나라의 상황은 생각했던 것보다 훨씬 좋지 않았다. 도착하고 나서 1 년 안에 많은 변화가 일어났다. 가장 큰 변화는 정권의 교체였다. 이슬람 근본주의 세력이 정권을 잡게 되면서 나는 세웠던 모든 계획을 포기해야 했다. 그 기간에 8 살 큰 아이를 이웃나라 기숙사 학교로 보내야만 했다. 우리가 가려고 했던 그 종족은 방문조차 할 수 없게 되었다. 선교에 헌신하고 준비하는 동안 하나님은 늘 "네가 열면 닫을 자가 없다"고 격려해 주셨는데 열리는 것은 고사하고 보이던 문틈마저 닫혀버렸다. 내가 여기에 있어야 할 이유가 있을까 고민하는 시간이 길어졌다. 내가 할 수 있는 일은 '바자르'라 부르는 시장에 가서 하루 종일 현지인들과 차를 마시며 더듬더듬 말을 배우는 것과 동네 청년들과 공을 차는 것

혹은 가게를 하는 현지인 친구가 점심 먹으러 간 사이에 가게를 대신 봐주는 일 등이었다. 사람들은 나를 '아담칸'이라고 불렀는데 그건 아주 흔한 이름으로 마치 '철수'와 같은 이름이었다.

현지 상황으로 인해 다른 일을 할 수 없게 되어 나는 구호단체 안에서 단기 구호 사역을 맡게 되었다. 현지인인 하니프(가명)와 나는 새로 시작된 구호 사역을 위해 함께 일하게 되었다. 난민촌에 닭을 나누어 주는 일이었는데 영양실조에 걸린 아이들에게 도움을 주기 위한 사역이었다. 그 후에 감사하게도 종족 마을로 올라갈 수 있는 기회가 생겨 종족 안에서 문해교육과 여러 가지 지역 사회 개발 사역을 할 수 있었다.

이 경험을 통해 나는 선교를 다시 생각하게 되었다. 물론 내가 현지인처럼 살았다거나 그들과 동일시했다고 말할 수는 없다. 아마도 현지인 친구들의 상황은 나와 커다란 차이가 있었을 것이다. 다만 내가 할 수 있는 범위 안에서 가능한 A 국 안에 있을 때는 매일 점심을 현지인과 함께 하였다. 2001 년에 본부 사역을 하기 위해 그 나라를 떠나던 날 처음부터 사역을 함께 했던 하니프가 국경까지 환송을 해 주었다. 마지막 인사 전에 그와 나는 서로 머뭇거렸다. 그도 그럴 것이 비록 몇 년 되지는 않지만, 그와 보낸 시간이 길었기에 먼저 인사하여 헤어지는 것이 어려웠기 때문이다. 그 나라는 다른 중동 지역의 나라들과 마찬가지로 '손님'을 매우 중요하게 여기는 문화를 가지고 있었다. 손님은 말 그대로 손가락 하나 까딱하지 않는 문화이다. 그가 내게 "너는 나의 최고의 손님"이었다고 말해준다면 나는 그런대로 잘 사역했다는 기분을 가지고 떠날 수 있었을 것이다. 얼마 후에 그가 먼저 입을 열었다. '아담칸, 투 메먼엠 나부디'. 이 말은 '아담칸, 너는 나의 손님이 아니었어' 라는 말이다. 순간 당황했다. 떠나는 순간에 이렇게 말을 하다니… 뭐라고 답해야 할지 몰랐다. 그런데 이어서 그가 말했다. '투 비야다렘 부디'. 순간 눈물이 쏟아졌다. 그 말은 '너는 나의 형제였어' 라는 말이었다. 지난 수년간의 삶이 영화처럼 스쳐 지나갔다. 비록 짧은 순간이었지만 그렇게 나의 모든 계획을 막으시고 그들의 삶 속에 함께 서게 하신 주님의 뜻이 이해되는 듯했다. '선교는 그들의 형제가 되는 것이었구나', '그들과 함께 하는 것이었구나'라는 생각이 들었다. 그러고 보니 주님께서 약속하신 것도 사실은 선교지에서 내 계획이 다 이루어지도록 해 주시겠다는 것이 아니라 "세상 끝날까지 너희와 항상 함께 있으리라"(마 28:20) 하신 약속이었다. 선교지를 떠나는 날 선교의 가장 기초를 배운 것 같았다.

이 경험은 과업 중심의 선교보다 관계 중심의 선교가 더욱 선교의 본질에 가깝다는 확신을 가지게 해 주었다. 그런 이유로 자연스럽게 나의 요한복음 선교적 읽기는 과업 중심의 해석보다는 이런 관계적인 측면들이 더 잘 보일 것이다. 예수 그리스도가 사람들, 특별히 그의 제자들과 맺으신 관계, 그 시간들이 더 잘 드러나게 될 것이다.

위임 vs 참여

두 번째 선교적 여정은 2001 년 한국으로 돌아와 본부 사역을 하면서 시작되었다. 선교 단체의 대표로서 많은 모임에 초대되어 듣고 또 발표할 기회를 가졌다. 청년 수련회에서 선교 도전을 하기도 하고 지역 교회에서 선교에 대해 말씀을 전하기도 하였다. 그 도전이란 대개 선교사로 헌신하는 것, 지역 교회는 기도와 재정적 후원을 하는 것 등이었다. 당시 동원해야 하는 선교사의 숫자를 목표로 가지고 있었는데 우리는 매년 15 명에서 20 명 사이의 선교사를 새로 받아들였다. 적지 않은 숫자였다. 하지만 이러한 동원을 하면 할수록 나는 선교가 상당히 선교단체 중심의 선교로 흐르고 있다는 생각을 하게 되었다. 지역 교회에게 하나님의 선교에 참여하라고 도전했지만 그 참여라는 것이 대개 선교 단체에게 선교를 잘 위임하는 방식이었다. 선교 단체들이 지역 교회의 선교를 돕기 위해 여러 프로그램들을 개발하기도 했지만, 기본적인 인식이 위임의 방식이라 그 위임을 잘하도록 하는 프로그램이 주종을 이루었다. 지역 교회는 선교를 위해 인적, 물적 자원을 공급하는 장소로 여겨졌지 그들이 스스로 하나님의 선교에 참여하는 선교적 공동체가 되도록 도움을 받지는 못하였다. 많은 성도들은 자신들이 선교적 성도로 부름받았다는 사실을 알기가 어려운 구조였다. 찰스 벤 엔겐(Charles Van Engen 1991, 20)은 "선교학 연구에서 가장 무시된 영역이 교회론"이라고 지적했는데[2] 그 말이 무슨 말인지 이해되었다. 만일 성도들이 선교적 정체성을 점점 잃는다면 그들의 후원에 의해 이루어지고 있는 선교는 점점 사라질 것이 분명해 보였다.

이 여정에서 나는 지역 교회 회중이 하나님의 선교에 참여하는 것이 얼마나 중요한 일인지를 보게 되었다. 선교는 누군가에게 위임해야 할 성질의 것이 아니라 하나님의 자녀 모두가 선교적으로 부름을 받았다는 사실을 자각하는 것이 중요하다는 사실을 깨닫게 되었다. 예수님은 자신의 제자들을 선교적 공동체로 세움에 있어 어떤 입장을 취하셨는가? 선교는 12 명의 제자들에게만 위임된 일인가? 이러한 시각도 요한복음을 선교적으로 읽는 관점에 영향을 주었을 것으로 생각한다.

의존 vs 자기 주도

세 번째 선교적 여정은 한국에서의 본부 사역을 마치고 위클리프 국제 본부 사역을 맡으면서 시작되었다. 첫 2 년간은 연구개발 대표를 맡게 되었는데 대단한 연구를 한 것은 아니고 앞으로 비서구 선교가 점점 중요해지니 반추하고 생각하는 시간을 많이 가지라고 준 직책이었다. 이어 아시아-태평양 대표를 맡게 되면서 가장 많이 사용한 용어 중 하나가 '선교학적 반추'였다. 속한 단체가 성경번역선교를 하는 단체이다 보니 언어학과 선교학이라는 두 가지 요소가 중요했다. 역사적으로 이 단체는 세계 언어학 발전에 지대한 공헌을 하였다. 그에 비해 선교학적 부분은 상대적으로 공헌도가 약했다. 국제 리더십 팀에서는 선교의 여러 중요한 주제들에 대해 선교학적 반추 모임을 하기 시작했다. 이러한 반추 모임을 통해 나는 아시아와 태평양 지역에 의존도의 문제가 심각하다는 것을 보게 되었다. 비록 여러 지역에서 현지 교단이나 선교 기관의 참여가 눈에 띄게 늘었지만, 내용을 들여다보면 재정적 의존도뿐만이 아니라 번역의 과정이나 모든 것이 외부에서 만들어진 것에 의문을 달지 않고 그대로 따라 함으로써 자기 주도가 되지 못하는 것을 발견하게 되었다.

그런 상황에서 선교의 중요한 원리로 배워 온 삼자(three-self) 원리를 다시 생각하게 되었다. 헨리 밴, 루퍼스 앤더슨 등에 의해 주창되고 우리에게 알려진 네비우스에 의해 실천된 삼자 원리는 스스로 재정을 부담하는 자급, 스스로 운영하는 자치, 그리고 스스로 복음을 전하는 자전이 선교지의 자립 정도를 측정하는 요소로 보았다. 내가 발견한 것은 현지 교단이나 선교 단체들이 비록 외형적으로 이러한 삼자의 모습을 갖춘다고 하더라도 그들에게서 '자기 주도성'이 꼭 보이는 것은 아니라는 사실이었다. 그래서 각 나라의 교단과 단체 리더들이 스스로 하나님의 말씀에 뿌리를 내리도록 돕는 일이 지역 안에서 중요한 일이었다. 자신들이 가진 은사와 경험들을 통해 스스로 서게 하는 일이 매우 중요하였다.

그러한 상황에서 아시아-태평양 지역에서는 리더들과 함께 '성경의 선교적 읽기'라는 연례 모임을 시작했다. 또한 여러 선교학적 반추를 함께 하였다. 그러한 과정에서 여러 지역의 리더들이 했던 말들을 소개하면 다음과 같다. 태평양 솔로몬 군도의 성공회 대주교는 "자신의 회중이 선교는 누군가 외부에서 와서 해 주는 것으로 이해하고 있기 때문에 그러한 인식이 변하지 않는 한 추가로 선교를 시작하는 것이 별로 의미없다"라고 하였다. 방글라데시에서 온 단체 리더는 "외부에서 재정적 도움을 받지 않기로 결정하고 나서 다른 나라의 리더들이 드디어 친구로 보인다"고 말했다. 그전에는 무슨 의견을 말하려면 주저하였는데 이제는 자신의 의견을 솔직하게 표현할 수 있게 되었다고도 말하였다.

이 여정의 단계에서 아시아-태평양에 속한 여러 리더들과 이런 선교학적 반추를 할 수 있는 기회가 많았다. 그 여정을 통해 '자기 주도적인' 혹은 '자생적인' 공동체가 된다는 것의 중요성을 보게 되었다. 요한복음의 본문이 그런 내용들을 직접 말하고 있지 않을지 모르지만, 요한복음 자체가 예수 그리스도에 대한 요한 스스로의 반추라는 사실은 말씀을 스스로 보는 능력이 선교에 있어 얼마나 중요한지를 간접적으로 말해준다.

질문들

그렇게 선교 단체에서의 다양한 역할을 통해 얻은 경험들이 위에서 말한 그런 고민들을 안겨 주었다. 선교는 과업인가, 관계인가? 선교는 위임인가, 참여인가? 선교는 의존인가, 자기 주도인가? 각각의 경우에 나는 후자가 선교의 새로운 이해에 있어 중요하다고 생각하게 되었다. 잠시 우리가 하고 있는 것에서 물러나 관계와 참여와 자기 주도를 깊이 성찰해 보아야 한다. 여하간 이러한 경험들이 나의 선교 이해에 도전을 주었고 다음과 같은 질문들을 하게 만들었다. 선교에 있어 관계의 위치는 무엇인가? 교회의 선교적 정체성은 무엇인가? 선교 현장에서 현지인 교회는 어떻게 자기 주도적이 될 수 있을까? 나의 선교 이해는 어디에 기초를 두고 있는 것인가?

이러한 질문들이 선교를 좀 더 깊이 이해하고자 하는 동기를 제공하였다. 그 질문들은 나로 하여금 선교의 성경적인 기초에 좀 더 관심을 갖게 하였다. 물론 성경 본문을 읽을 때 그런 질문들이 내가 본문을 대하는 자리를 제공할 것으로 믿는다. 한 가지 생각할 것은 비록 내가 이러한 질문들을 가지고 성경에서 선교를 찾아 나간다고 해도 여전히 문제는 남게 된다는 사실이다. 성경에서 선교를 찾아 나선다는 말 자체가 이미 찾아야 할 선교가 무엇인지를 안다는 것을 전제하기 때문이다. 그렇게 되면 결국은 나의 의도와 관계없이 이미 내가 생각하고 있는 선교 혹은 선교에 대한 생각을 지지해 주는 성경 본문들을 발견하는 선에서 연구가 끝나고 말 것이다. 그런 문제에 대해 크리스토퍼 라이트(Christopher Wright 2006, 21-22)는 기독교인으로서 우리는, 행하는 모든 것의 성경적 근거를 찾으려고 하기 때문에 선교 역시 우리가 무엇을 해야 할지 알고 있으면서 다만 그 알고 있는 것의 성경적 근거를 찾으려고 한다고 지적했다.

내가 하려고 하는 것은 성경이 선교에 대해 무엇이라고 말하는지를 찾으려는 것이 아니라 선교적 시각으로 성경을 읽을 때 성경의 핵심 메시지가 무엇인지를 보려는 것이다. 다시 말해서 위에 제기한 여러 선교 주제를 성경에서 찾으려는 것이 아니라 하나님의 선교라는 시각에서 성경을 해석하려는 것이다. 라이트(Wright)는 이러한 노력을 '선교의 성경적 기초'가 아니라 '성경의 선교적 기초'라고 하였다.[3] 그렇게 하기 위해서 성경에서 선교를 찾는 일을 잠시 멈추고 성경이 말하는 핵심 메시지를 찾아 나서는 것이 필요하다. 이 둘의 차이가 무엇인지 그리고 성경을 선교적 해석학의 관점에서 읽는다는 것이 무엇을 의미하는지 2장에서 좀 더 다룰 것이다.

성경을 선교적으로 읽고자 하는 나의 바람은 요한복음으로 귀착되었다. 다시 언급하거니와 나는 요한복음에서 선교의 특정 주제들을 찾고자 하는 것이 아니다. 대신 나는 요한복음을 하나님의 선교와 그에 참여하는 하나님 백성이라는 시각에서 읽어 내려갈 것이다. 따라서 핵심 질문은 "요한복음 전체 내용이 선교에 대한 성경적 이해를 형성하는데 어떻게 공헌하는가?"에 대한 것이다.

선교적 복음

요한복음은 선교적 복음이다. 어떤 의미인가?

몇 가지 주장을 살펴보자.

첫째, 외적 증거로서 요한복음이 헬라어 단어인 로고스(이성, 말씀)와 같은 단어를 사용한 것은 이방인 독자를 생각하여 사용한 것이니 요한복음은 선교적 문서라는 주장이다. 이 주장이 아주 틀렸다고 말할 수는 없다. 모든 성경이 읽는 사람들로 하여금 그리스도를 믿게 한다는 면에서 전도적 기능이 있다. 하지만 요한복음이 선교적 복음이라는 말은 이 복음서가 이방인 전도용이라는 측면에서 말하는 것이 아니다. 성경이 새로운 언어로 번역되거나 기록될 때 필연적으로 대상 언어의 용어들을 사용할 수밖에 없다. 그것은 말씀의 의미가 더 잘 전달되도록 하기 위한 노력이다. 단순히 전도용 목적이 아니라 말씀의 본래 뜻을 대상 언어 사용자들에게 더 잘 전달하기 위한 노력이다. 따라서 대상 언어의 몇 가지 새로운 용어들이 보인다고 해서 이방인 전도용이라고 주장하거나 선교적 문서라고 주장하는 것은 부족한 주장이다.

둘째, 내적 증거로서 예수님이 제자들을 보내기(선교) 때문에 선교적 문서라고 주장할 수 있다.

> “아버지께서 나를 세상에 보내신 것 같이 나도 그들을 세상에 보내었고”(17:18), “아버지께서 나를 보내신 것 같이 나도 너희를 보내노라”(20:21).

하지만 예수님께서 제자들을 세상에 파송하므로 선교적 문서라고 말하는 것 역시 부분적인 이해이다. 요한복음 말미에 예수님은 베드로에게 ‘따르라’고 말씀하신다. 보내는 것이 핵심 주제면 선교적이고 따르는 것이 핵심 주제이면 선교적이 아닌 것인가? 선교라는 말이 ‘보내다’라는 라틴어에서 기원하기는 했지만, 선교를 ‘보냄’이라는 행동적인 관점에서만 파악한다면 요한복음이 행동이 아닌 정체성, 속성 등을 통해 보여주려는 선교적 복음의 뜻을 충분히 전달하지는 못한다.

사실 요한복음뿐만이 아니라 성경 전체는 선교적 말씀이다. 세상을 창조하시고 타락한 세상을 구원하시려는 성삼위 하나님을 드러내고 그 하나님의 선교적 의도를 드러내고 있기에 선교적 말씀이다. 또한 그 말씀을 읽는 하나님의 백성들이 세상에서 선교적 백성으로 살아가도록 일깨우며 내용을 제공한다는 면에서도 선교적 말씀이다. 선교적 하나님을 드러내고 선교적 백성을 형성해 가는 것은 성경이 선교적 말씀으로서 가지는 중요한 목적이다.

요한복음도 예외가 아니어서 그리스도를 통해 하나님을 드러내며 세상, 특히 사람들을 향한 하나님의 뜻을 드러낸다. 예수님은 자신의 뜻을 행하러 오신 분이 아니라 하나님의 뜻을 이루기 위해서 오신 분이고 예수 그리스도가 곧 하나님의 뜻이며 하나님이시다. 요한복음을 읽으면 예수 그리스도를 통해 보여지는 선교적 하나님을 만나게 된다.

요한복음은 선교적 백성의 형성에도 중요한 역할을 한다. 특히 예수님께서 제자 공동체를 어떻게 세워 가시며 그들이 어떤 공동체가 되기를 원하시고 세상에 남겨져 어떤 사명을 수행해 나가기를 요구하시는지를 생생하게 그려냄으로써 선교 공동체의 특질을 명확하게 보여준다. 이는 오늘날 교회 공동체가 어떻게 선교 공동체가 되어야 하는지를 말해준다. 요한복음이 선교적 복음임을 발견해 가는 여정은 이미 알고 있는 선교를 위해 지지 구절을 찾는 것이 아니라 요한복음을 성실하게 읽어서 성경이 말하는 선교를 깊이 이해해 가는 여정이 될 것이다.

요한복음 전체 그림

이 책에서는 요한복음을 4 개의 부분으로 나누어 보고자 한다. 대체로 요한복음은 전체 21 장을 12 장까지의 전반부와 13 장 이후의 후반부로 나누어 볼 수 있는데 조금 더 세부적으로 전반부를 둘로 나누고 후반부도 둘로 나누어 전체를 4 개의 부분으로 나누어서 읽어 보려 한다. 다음과 같이 나누어 볼 수 있다.

1. **서론(1:1-2:12)**: 서론은 크게 두 가지의 역할을 하는데 하나는 요한이 이해한 성경의 거대 서사를 보여주며, 동시에 요한복음 전체를 요약하는 역할을 한다.

2. **전반부(2:13-12:50)**: 전반부는 예수님의 공생애 중에서 대중, 특별히 유대인 청중과의 충돌이 주를 이룬다. 그런 이야기 속에 소위 주변부에 속한 사람들과의 만남, 그것이 함께 있는 제자들에게 주는 영향 등이 주의 깊게 읽고 묵상해야 할 요소이다.

3. **후반부(13:1-17:26)**: 이 후반부는 전반부의 사역을 기반으로 이제 소수의 제자들과 깊은 시간을 가지며 예수님의 뜻이 분명하게 드러나는 내용으로 되어 있다. 이 후반부는 그 제자들 그리고 그 제자들을 통해 주님께로 나오게 될 모든 사람을 위해 아버지께 기도하는 선교적 기도(17 장)를 포함한다.

4. 결론(18:1-21:25): 여기서는 십자가와 부활 그리고 그 이후 예수님과 제자들의 이야기를 통해서 새로운 시작(재창조)이 소개된다. 이것은 열려 있는 시작으로 소위 선교적 완성과 지속의 시작을 보여준다. 제자들과 그들을 통해 다시 재창조를 이어갈 사람들, 즉 요한복음을 읽는 사람들에게 중요한 본질을 강조하며 끝을 맺는다.

2

요한이 묘사하는 거대 서사

제자들이 그를 믿으니라

요한복음 2장 11절

2

요한이 묘사하는 거대 서사

서론(1:1-2:12)

성경의 거대 서사

성경을 대할 때 통합과 분석은 놓치지 말아야 할 두 가지 중요한 요소이다. 숲과 나무를 둘 다 보는 것과 같은 말이다. 통합이 없는 분석은 전체 그림을 볼 수 없다는 한계가 있어서 분석만을 근거로 해석을 할 경우 전체의 방향과 맞지 않는 해석이 될 수 있다. 분석이 없는 통합은 방향은 있으나 가지 않는 것과 같다. 큰 그림과 방향을 보았다면 실제 걸어가면서 느낄 수 있어야 한다. 근래에 와서 성경을 하나의 이야기, 거대 서사라는 관점에서 보려는 시도가 많아진 이유는 분석이라는 요소에 방점을 두고 달려온, 그래서 성경을 말 그대로 찢어발겨온 시대에 대한 반성이라고 볼 수 있다. 조직신학이 우리에게 준 많은 공헌을 감사하면서 동시에 이야기로 읽어야 하는 면도

놓치지 말아야 한다. 성경을 조직신학의 관점에서 보면 대개 창조-타락-구원-재창조라는 4 가지의 요소로 분석할 수 있다. 하지만 이야기의 관점에서 보면 창조와 타락 그리고 이스라엘, 예수 그리스도 그리고 제자 공동체라는 줄거리가 보인다. 성경은 이것저것 끌어다 놓은 백과사전이 아니라 하나님께서 계획하신 방향으로 진행되는 이야기라는 이해가 성경의 거대 서사에 대한 관심을 갖게 한다. 한 걸음 더 나아가 성경은 소설과 같은 이야기라기보다는 그것을 이해한 사람들이 세상이라는 무대에서 구현해야 할 혹은 상연해야 할 희곡과 같은 성격을 가지고 있다. 마치 공연할 배우가 상상을 동원하면서 대본을 읽듯이 그런 자세로 성경을 대해야 할 것이다.

요한의 거대 서사

그런 관점에서 요한복음의 서론은 요한이 이해한 거대 서사를 독자에게 제공한다. 이 거대 서사는 창조, 심지어 창조 이전의 상황에서 시작하여 창조와 타락과 이스라엘과 예수 그리스도와 제자 공동체라는 그 핵심 줄거리를 요한의 방식으로 전개해 나간다. 요한의 거대 서사에서 우리는 서론이 전체 요한복음의 줄거리 요약과 같은 역할을 하고 있다는 것을 알 수 있다.

따라서 지금부터는 요한복음의 서론을 분석해 나가려 한다. 서론이 요한복음 전체의 기초가 되듯이 서론의 기초가 되는, 그래서 결과적으로 요한복음 전체의 기초가 되는 구절이 바로 요한복음의 첫 구절이다.

> "태초에 말씀이 계시니라 이 말씀이 하나님과 함께 계셨으니 이 말씀은 곧 하나님이시니라"(1:1).

이 책이 주석이 아니므로 요한복음의 모든 구절을 이 첫 구절처럼 자세히 분석하지는 않겠지만 전체의 기초를 이해하는 일이 매우 중요함으로 첫 구절은 자세히 분석할 것이다. 그리고 그 첫 구절의 이해를 바탕으로 하나님께서 하시는 3 가지 중요한 일을 서론에서 살펴볼 것이다.

요한복음의 기초인 첫 구절

> "태초에 말씀이 계시니라 이 말씀이 하나님과 함께 계셨으니 이 말씀은 곧 하나님이시니라"(1:1).

이 첫 구절은 세 개의 문장으로 되어 있다. 1) 태초에 말씀이 계셨다. 2) 이 말씀이 하나님과 함께 계셨다. 3) 이 말씀이 곧 하나님이시다.

태초에 말씀이 계셨다.

'태초에'라는 말은 성경을 아는 사람이라면, 특히 유대인들에게는 창세기를 떠오르게 한다. 그리고 그 말은 이어서 '하나님이 만드셨다'라는 문장을 연상케 한다. 헬라어 구약 성경과 요한복음의 헬라어 모두는 문장의 순서가 태초에 다음에 동사가 오고 주어가 온다. 즉, 구약은 "태초에 만드셨다 하나님이" 그리고 요한복음은 "태초에 존재했다 말씀이"라고 직역할 수 있다. 다시 말해서 하나님이라는 주어가 자동적으로 나와야 하는데 여기서는 '말씀이'라는 새로운 주어가 그리고 행위를 나타내는 동사가 아닌 존재를 나타내는 동사가 등장한다. 이 주어는 하나님을 대체하는 주어라기보다는 하나님께서 이 말씀이라는 새로운 주어와 가지신 관계와 그를 통해 하나님께서 하실 일을 소개하기 위해 등장하는 주어이다. 이 새로운 주어는 주목을 끌기에 충분하다. 왜냐하면 그 말씀이 세상이 창조되기 이전에 이미 존재하고 계셨다는 사실은 그 말씀이 우리와 같은 피조물이 아님을 말해주기 때문이다. 창조 이전에 하나님과 말씀이 가진 관계에 대해서는 요한복음 여러 곳에 예수님의 말씀을 통해 증명된다.

> "아버지여 창세 전에 내가 아버지와 함께 가졌던 영화로써 지금도 아버지와 함께 나를 영화롭게 하옵소서"(17:5), "아버지께서 창세 전부터 나를 사랑하시므로 내게 주신 나의 영광을 그들로 보게 하시기를 원하옵나이다"(17:24).

태초에 혹은 창세 전에 존재하셨다고 소개된 이 말씀은 도대체 누구인가? 라는 궁금증을 가진 독자를 위해 요한은 바로 이어 그를 하나님과의 관계 안에서 설명한다.

이 말씀이 하나님과 함께 계셨다.

'태초에'라는 말과 함께 등장해야 할 "하나님이 만드셨다"를 대체한 "말씀이 계셨다"는 도대체 왜 등장하는가? 그것을 설명하기 위해 요한은 그 말씀이 독립적으로 존재하시는 분이지만 하나님과 관련이 없는 또 다른 신을 말하는 것이 아니라 하나님과 관계 안에서 파악되어야 함을 드러낸다. 그 말씀은 태초에 하나님과 함께 계신 분이다. 여기서 주목해야 할 단어는 '함께'라는 단어이다. 여기 '함께'라는 헬라어 단어는 프로스(*pros*)라는 전치사이다. 프로스의 본래 뜻은 '~ 향하여'라는 전치사이다. 그래서 대부분의 경우, 움직임을 나타내는 동사와 더불어 사용된다. "향하여 가다", "향하여 말하다" 등이다. 그런데 요한은 하나님과 말씀의 관계를 '계셨다'라는 be 동사와 '~향하여'라는 전치사의 조합을 통하여 표현한다. 특별히 주목할 것은 요한복음 안에서 이것이 어떻게 사용되는가를 파악하는 일이다. 요한복음에서 be 동사와 '함께'가 나오는 경우는 예외 없이 '함께'를 나타내는 '메타'(*meta*)라는 전치사를 사용한다. 그러나 이렇게 존재를 나타내는 be 동사와 프로스가 함께 사용된 경우는 여기와 그 다음 절(1:2)에 같은 의미로 사용된 경우가 유일하다. 결론적으로 말하자면 이것은 '향하여'를 강조하는 것도 아니고 '있다'만을 강조하는 것이 아니라 이 두 개의 조합될 수 없는 단어들을 사용함으로써 하나님과 말씀이 가진 독립적이나 하나인 관계를, 그리고 정적인 상태의 '하나 됨'이 아니라 동적인 상태의 '하나 됨', 즉 끊임없이 그 뜻이 일치되는 '하나 됨'을 말하고 있다.

이 말씀이 곧 하나님이시다.

요한은 더 나아가 바로 이 말씀이 하나님이라고 선포한다. 이 말은 인간의 언어로만 보자면 모순이 있다. 하나님과 말씀을 두 독립적인 존재로 그러나 함께 계신 분으로 소개를 하고 이 말씀이 곧 하나님이라고 말하고 있기 때문이다. 말씀이 태초에 계셨고 하나님과 함께 계셨지만, 그가 누구인지 여전히 궁금하다. 그런데 마지막 문장에서 요한은 그가 곧 하나님이시라고 말한다. 앞서 동사와 전치사의 부조합으로 심오한 관계를 설명하였는데 이제는 단어 차원이 아니라 문장 차원의 부조합, 즉 함께 있었는데 그가 곧 하나님이라는 모순 문장으로 그 관계를 설명한다. 헬라어 문장에 말씀은 정관사가 붙어 있고 하나님에는 붙어 있지 않다. 그래서 원문에 하나님이라는 단어가 먼저 나오지만, 헬라어 문법적으로 볼 때 하나님이 주어는 아니다. 다시 말해 "하나님이 그 말씀이다"라는 해석은 성립하지 않는다. 그럼에도 하나님이라는 단어가 문장 처음에 나왔기에 그것을 강조해야 할 필요가 있다. 따라서 번역하자면 "하나님이시다 그 말씀은"이라고 할 수 있다. 말하자면 그 말씀은 하나님의 속성을 가지신 분이라는 말이다. 빌립보서의 표현을 빌리자면 "근본 하나님의 본체"이시고 "하나님과 동등"하신 분이다(빌 2:6).

이 말씀과 하나님의 관계가 중요한 이유는 이 관계를 기초로, 다시 말해서 이 속성을 근거로 하나님의 활동이 이어지기 때문이다. 하나님의 활동은 하나님의 속성에 근거하고 교회의 활동은 바로 이 하나님의 속성을 드러내는 것이어야 한다. 선교란 다른 말로 교회가 하나님의 속성을 세상에서 드러내는 일이다. 이제 이 관계를 근거로 시작되는 활동을 소개하기 위해 요한은 1 절을 다시 한번 요약한다.

> "그가 태초에 하나님과 함께 계셨고"(1:2).

하나님과 말씀이 가진 관계에 기초한 세 가지 활동

이제 3 절부터 앞서 소개된 대로 하나님과 말씀의 아주 친밀한, 하나이신 관계를 기초로 하여 세 가지의 활동이 소개된다. 이 세 가지의 활동은 곧 성경의 거대 서사와 같은 주제이다. 즉, 창조와 타락한 세상의 구원과 새로운 창조이다. 이제 이 친밀한 관계에 기초하여 일어나는 세 가지의 활동을 살펴보자.

첫 번째 활동: 하나님이 말씀으로 세상을 창조하시다.

> "만물이 그로 말미암아 지은 바 되었으니 지은 것이 하나도 그가 없이는 된 것이 없느니라"(1:3).

하나님과 말씀의 완벽하고 친밀한 관계를 기초로 하나님께서 말씀을 통해서 하신 첫 번째 활동 혹은 사역은 바로 창조이다.

하나님께서 만물을 이 말씀을 통해 창조하셨다는 것에 대해 두 가지를 주목할 필요가 있다. 하나는 관계이다. 하나님과 말씀의 완전하고 친밀한 관계에 기초하여 하나님께서 말씀을 통해 만물을 창조한 것은 그 관계를 만물에게까지 확장하시려는 하나님의 의지이고 사랑이다. 다시 말해서 성삼위 하나님의 관계를 피조물에게까지 확장하시려고 만물을 창조하셨다. 특별히 자신의 형상으로 사람을 창조하셨고 인간에게 언어(말씀)라는 독특한 특질을 주신 이유는 하나님과 말씀 안에서 진리에 이르고 신의 성품에 참여하는 자들로 부르시기 위함이다. 이렇게 하나님과의 하나 됨을 목적으로 창조하였다는 것은 구원이 죄에서 벗어나는 것에 그치지 않고 성삼위 하나님과의 교제, 하나 됨에까지 이르는 것이고 이것은 단순히 수단은 상관없이 이루기만 하면 되는 목적이 아니라 거기에 이르는 모든 과정에도 바른 관계의 방식이 적용되어야 하는 하나님의 속성이다.

만물을 말씀을 통해 창조하였다는 사실에서 주목해야 할 두 번째는 바로 세상의 주관자가 말씀이라는 사실이다. 말씀은 단지 창조의 도구가 아니라 그가 바로 세상과 모든 역사의 주인이라는 사실을 표현하고 있는 것이다. 구원의 길이 오직 말씀이신 그리스도를 통해서만 있다는 사실은 그를 통해 만물이 창조되었다는 사실에 이미 함의되어 있다.

타락한 세상

알랭드 보통의 말처럼[4] 아름다움을 진정으로 아는 로봇을 만드는 과학자라면 그 사랑스런 로봇에게 좌절과 혼란, 즉 아름다움과 반대되는 것을 경험하도록 조건을 먼저 부여하고, 그 어둠에서 다시 아름다움을 향하려는 조건을 부여해야 한다. 그렇지 않는다면 아름다움만 아는 로봇은 진정한 아름다움을 아는 것이 아니기 때문이다. 끝없는 타락과 어둠의 가능성이 있는 자유의지를 주신 하나님은 그 사랑하는 인간에게 가장 거룩한 사랑과 생명을 알 뿐 아니라 그것을 향하도록 하시기 위해 자유의지를 주셨다. 비록 자유의지가 타락의 가능성을 포함하고 있지만, 그 목적은 제한될 수 없는 사랑과 진리와 생명을 나누고자 하심이다. 그럼에도 인간은 결국 어둠을 향해 걸어갔다.

타락한 세상에서 빛과 어둠을 비교하는 이야기 속에서도 하나님께서 본래 의도하신 그 관계의 확장은 두 개의 단어를 통해 드러난다. 첫 번째 단어는 12절에 나타난 '하나님의 자녀'라는 용어이다. 이 단어는 예수를 믿으면 하나님의 자녀가 되는 권세를 주신다는 보상의 차원이 아니라 하나님께서 본래 계획하신 바가 창조 목적의 회복에 있음을 보여주는 데 있다. 하나님께서는 자신의 형상대로 지은 인간을 '자녀'라는 단어가 가진 사랑의 관계로 목적하신 것이다. 바울도 이 목적을 이렇게 말한다.

> "곧 창세 전에 그리스도 안에서 우리를 택하사 우리로 사랑 안에서 그 앞에 거룩하고 흠이 없게 하시려고 그 기쁘신 뜻대로 우리를 예정하사 예수 그리스도로 말미암아 자기의 아들들이 되게 하셨으니"(엡 1:4-5).

계속해서 밝혀지겠지만 이 자녀라는 관계는 요한복음 안에서 생물학적인 자녀라기보다는 아버지의 뜻을 이해하고 그것을 행하는 자에게 주어지는 명칭이다. 요한은 이 자녀가 "이는 혈통으로나 육정으로나 사람의 뜻으로 나지 아니하고 오직 하나님께로부터 난 자들이니라"(1:13)라고 하였다. 그런 면에서 세상에서 아버지의 뜻을 온전히 행한 예수 그리스도는 완전한 하나님의 아들이다. 예수님은 유대인들에게 말씀하셨다.

> "너희가 아브라함의 자손(자녀)이면 아브라함이 행한 일들을 할 것이거늘"(8:39).

게다가 요한복음 안에서 이 ‘자녀’라는 단어는 선교적인 의미로 확장된다. 예수님은 유대 민족만을 위할 뿐 아니라 “흩어진 하나님의 자녀를 모아 하나가 되게 하기 위하여 죽으실” (11:52) 것이다.

관계의 확장을 드러내는 두 번째 단어는 ‘자기'라는 단어이다.

> “자기 땅에 오매 자기 백성이 영접하지 아니하였으나”(1:11).

‘자기 땅’이란 말씀으로 지으신 모든 세계를 표현하며 그 관계를 드러낸다. 동시에 ‘자기 백성’이란 특별히 하나님께서 자신의 형상으로 지은 백성을 말한다. 이 백성에 대해서 전체 인간이란 의견과 이스라엘이라는 의견이 학자들 사이에 동시에 존재하는데 하나님의 자녀가 되는 권세가 모두에게 열려 있다는 문맥을 생각할 때 전체 백성 혹은 전체 백성을 대표하는 이스라엘이라고 할 수 있다. 유대인에게 독점적으로 사용되는 용어는 아니다.

그렇다면 이렇게 타락한 세상을 향해 아버지는 무슨 일을 하시는가?

하나님께로부터 보냄받은 사람: 증언자 요한

이 타락한 세상을 설명하는 중간에, 다시 말해 예수님이 세상에 오시는 것을 설명하기 전에 하나님께로부터 보냄받은 한 사람이 소개된다. 앞서 이 서론의 내용은 거룩한 관계에 기초하여 하나님께서 하시는 세 가지 활동 혹은 사역을 소개하고 있다고 했다. 그 첫 번째가 말씀, 즉 예수 그리스도를 통한 창조라고 설명하였다. 거룩한 관계에 기초한 두 번째 하나님의 활동은 말씀을 세상에 보내신 것이다. 그런데 그 이전에 예수 그리스도에게만 사용되어야 할 것 같은 이 수식어 "하나님께로부터 보냄받은"이 사용되는 한 사람이 등장한다. 그는 바로 우리가 세례 요한으로 알고 있는 증거자 요한이다. 요한복음은 공관복음과 달리 그를 세례요한이라고 부르지 않고 단순히 요한이라고 부르고 그를 증언자로 소개한다. 따라서 이 글에서는 요한복음을 기록한 사도 요한과의 혼선을 피하기 위해 증언자 요한이라는 용어를 사용한다. 요한복음에서 증언자 요한은 특별하게 소개되는데 주의 깊게 살펴볼 필요가 있다. 이 이해가 뒤에 본격적인 본문을 이해하는 데 배경과 도움이 되기 때문이다. 증언자 요한에 대해 3 가지를 살펴보려 한다.

첫째로 증언자 요한이 가진 특별한 지위와 한계이다. 특별한 지위만 강조하면 본질(예수님)을 대체할 위험이 있고, 한계만 강조하면 그에게 주어진 특별한 사명을 약화시킬 우려가 있다. 요한이 특별한 지위를 가졌다는 것은 그에게 예수님과 동등한 수식어가 붙었다는 점이다.

> "하나님께로부터 보내심을 받은 사람이 있으니 그의 이름은 요한이라"(1:6).

그에게 특별한 사명이 있다는 것을 말한다. 이렇게 아주 특별한 수식어를 사용하면 그가 얼마나 특별한지를 계속 말해야 정상인데 성경은 동시에 이 요한은 무엇이 아니라고 부정 단어를 사용하여 그를 계속 낮추는 인상을 준다.

> "그는 이 빛이 아니요 이 빛에 대하여 증언하러 온 자라"(1:8).

서론 후반부에 증언자 요한이 실제 인물로 등장하는 이야기에도 그는 스스로 이 부정 단어를 사용하여 자신을 낮춘다.

> "나는 그리스도가 아니라"(1:20). "나는 그의 신발끈을 풀기도 감당하지 못하겠노라"(1:27).

요한에게 부여된 이 특별한 지위와 그가 고백하는 이 한계를 이해하는 것이 요한이 대표하는 이스라엘 백성이 유지해야만 했던 정체성이고 오늘날 제자 공동체인 교회가 유지해야 하는 정체성이다. 다시 말해서, 하나님께로부터 보냄을 받아 특별한 사명을 가지고 있으나 그리스도를 증언하는 역할이지 스스로 주체가 아님을 인식해야 한다.

보냄받은 사람 요한이 드러내는 두 번째 중요한 점은 구약의 선지자 그리고 더 나아가 이스라엘을 대표하는 모습이다. 증언자 요한은 사실 1 장 15 절 그리고 19 절 이후부터 실제 인물로 등장한다. 그런데 그 이전에 타락한 세상을 이야기하는 서사 중간에 그가 등장(6-8 절)하기 때문에 이를 단순히 개인으로서의 증언자 요한으로만 해석할 경우 서사 중간에 갑자기 이야기를 방해하는 등장 인물로 볼 수 있다. 하지만 성경의 거대 서사에서 타락 이후 줄거리의 중요한 요소인 이스라엘을 염두에 두고 읽으면 요한복음의 서론에서 창조와 성육신 사이의 거대 서사 중간에 증언자 요한이 등장하는 것은 그가 이스라엘 혹은 적어도 구약에 보냄을 받는 선지자들의 연장선상에 있음을 알 수 있다. 증언자 요한이 가진 특별한 지위와 한계도 바로 하나님을 증언하는 구약의 선지자를 계승하고 있고 연결되어 있다. 히브리서가 증언하는 대로 "옛적에 선지자들을 통하여"(히

1:1) 이스라엘 백성에게 말씀하신 하나님께서 증언자 요한을 보냈다는 것은 그가 선지자의 역할을 감당하고 있으며, 따라서 넓게 보아 세상에 보냄받은 백성으로서의 이스라엘을 상징하고 있다.

증언자 요한에 관한 세 번째 특징은 비록 그가 선지자들의 연장선상에 있지만 그들과 구별되는 역할에 있다. 증언자 요한의 구별되는 특징은 그가 예비자이며 동시에 연결자라는 것이다. 예비자로서 증언자 요한은 예수님이 백성들에게 오시는 것을 준비하는데, 이는 이스라엘 백성이 하나님께 돌아오도록 하기 위해 보냄을 받은 구약의 선지자들과 차별된다. 증언자 요한이 가진 연결자로서의 역할은 그가 자신과 함께 있던 제자들을 예수 그리스도에게 연결하는 점이다. 이것은 매우 중요한 의미를 가지는데, 예수 그리스도의 길을 예비하는 그의 역할은 대중을 상대로 외치는 것도 중요하지만, 예수 그리스도가 앞으로 세우게 될 제자 공동체의 시작에 증언자 요한이 그의 제자들을 연결함으로 일부분을 담당하게 된다는 면이다. 증언자 요한은 예수 그리스도 이전에 하나님으로부터 보냄을 받아 이스라엘과 예수 그리스도 사이에 위치한다. 그는 그리스도 이전의 목소리를 대표한다. 그리스도 이후에는 예수 그리스도와 세상 사이에 제자 공동체가 위치하여 그리스도 이후의 목소리,

즉 선교를 감당한다. 예수님께서 증언자 요한을 가리켜 "여자가 낳은 자 중에 가장 큰 자이지만 하나님의 나라에서는 모두 그 보다 큰 자"(눅 7:28)라고 말씀하신 것은 그리스도 이전의 사명과 그리스도 이후의 사명의 차이를 보여준다. 증언자 요한은 이스라엘과 예수 그리스도 사이에 위치하여 그리스도가 언약의 관점에서 이스라엘로 오시는 것을 예비하였다. 하지만 예수 그리스도는 유대인의 메시아가 아니라, 온 세상의 메시아이며 이를 위해 그리스도와 세상 사이에 위치하여 복음을 증언할 제자 공동체를 세우신다. 증언자 요한과 후에 형성될 예수님의 제자 공동체는 위치뿐만이 아니라 증언의 내용과 의미에서도 차이가 난다. 증언자 요한은 아버지의 뜻을 이루시기 전의 메시아에 대해 증언하는 반면 제자들은 모든 것을 이루신 메시아에 대해 세상에 증언하게 된다. 제자의 역할은 증언자 요한의 역할과는 비교할 수 없이 중요하다. 제자의 역할이 온 열방을 향해 있으며 선교적이기 때문이다.

두 번째 활동: 하나님이 세상을 구원하시려 말씀을 보내시다.

> "말씀이 육신이 되어 우리 가운데 거하시매 우리가 그의 영광을 보니 아버지의 독생자의 영광이요 은혜와 진리가 충만하더라"(1:14).

하나님과 말씀이 가진 거룩하고 친밀한 관계를 기초로 진행된 두 번째 활동은 하나님께서 그 말씀을 세상에 보내신 일이다. 창조 이후의 서사(1:4-13)가 바로 이 두 번째 활동의 배경이 된다. 우리말 성경에는 나타나 있지 않지만 원문에 나타난 14절의 첫 단어 '그리고' 혹은 '그래서'는 그 앞의 문단이 이 일이 일어나게 된 배경을 제공한다는 점을 나타낸다.

이 말씀의 성육신에서 주목해야 할 단어는 '육신'과 '거하다'라는 말이다. 모든 만물이 말씀을 통해서, 말씀으로 말미암아 창조되었는데 이제 그 말씀이 피조물과 같은 속성을 취하는 것이다. 하나님과 하나되시고 친밀한 관계를 가지신 그 말씀이 이제 육신이 되어 사람들과 관계를 맺으신다. '거한다'는 말은 이러한 관계의 의미를 더 확장한다. 이 말은 그 말씀이 방문이 아니라 우리와 함께 거하신다는 말씀이다. 요한복음에 '거하다'는 말이 여러 번 등장하지만, 이곳을 제외하고는 모두 '메노'(머물다)라는 동사를 사용한다. 오직 이 예수 그리스도의 성육신에서만 구약의 회막을 연상케 하는 '스케노오'라는 동사를 사용한다. 이 단어는 단지 구약의 회막과 성전을 연상케 하는 데서 끝나는 것이 아니라, 성육신하신 예수 그리스도가 바로 하나님과 만나는 회막이요 성전임을 확인한다. 후에 사도 요한은 "예수는 성전된 자기 육체를 가리켜 말씀하신 것이라"(2:21)는 고백으로 이것을 확증한다.

세 번째 활동: 하나님이 말씀(예수 그리스도)으로 세상을 재창조하시다.

하나님과 말씀이 가진 거룩하고 친밀한 관계를 기초로 하여 진행되는 세 번째 활동은 말씀, 즉 예수 그리스도를 통한 재창조인데 이는 다른 말로 제자 공동체의 형성이다. 서론에서는 이 제자들을 모으시는 것까지 보여주고 있는데 이는 서론의 결론이지만 그것이 제자 공동체의 형성이 끝났다는 의미이기보다는 이제 펼쳐질 이야기의 서론으로 혹은 요약으로 등장한다는 점을 간과해서는 안 된다. 제자 공동체가 형성되었다는 이야기를 하는 것이지 제자 공동체가 의미적으로 완성되었음을 선포하는 것은 아니다. 오히려 이제부터 펼쳐질 이야기가 제자 공동체의 형성을 단계적으로 보여줄 것이라는 예고편으로 보아야 한다. 서론에서 나머지 줄거리를 위해 예고편으로 보여주는 또 다른 모습은 따르고 머물고 발견해 가는 과정이다. 증거자 요한의 소개로 예수님을 따른 두 제자는 예수님과 함께 머물고 그가 메시아임을 발견한다. 이는 후에 펼쳐질 이야기에서 제자들이 예수님의 제자로 그를 따르고 함께 머물러

궁극적으로 그가 누구신지를 알게 되는 전체 줄거리의 요약이라고 볼 수 있다. 그렇게 함께 머무는 과정 후에야 요한복음 마지막에 등장하는 진정한 따름이 시작되기 때문이다. 한 가지 주목할 것은 '머문다'는 것이 단순히 무엇을 위한 준비 과정은 아니라는 것이다. 요한복음에서 '머물다'의 명사인 '거할 곳'이 두 번 사용되는데 이곳은 아버지의 집으로서 예수님이 제자들을 위해 예비할 곳(14:2)이며, 하나님께서 사랑하는 자들과 함께 하실 곳(14:23)이기에 '함께 거하는 것'은 최종적인 목적이다.

재창조의 과정을 보여주는 일주일

요한복음의 서론에 하나님과 말씀의 거룩하고 친밀한 관계를 기반으로 일어나는 세 번째 활동, 즉 재창조로서의 제자 공동체 형성은 두 가지로 나누어 설명할 수 있다.

하나는 서론에 등장하는 일주일의 시간이다. 이것은 마치 창세기의 창조와 연관되고 그 창조를 연상시키듯 일주일의 시간으로 등장한다. 요한은 이 첫 주간을 '이튿날'이라는 단어로 표현하는데 서론에서 이 단어가 3 번(1:29, 35, 43) 그리고 '사흘째'(2:1)라는 단어가 한번 사용되기 때문에 그 시간을 나타내는 용어만 계산할 경우 전체가 6 일이 되어 이것은 일주일이 아니라 6 일이라고 보는 학자들도 많다. 논쟁은 세례 요한의 두 제자가 예수님을 따라가서 그날 함께 거했고(1:39) 그다음 행동으로 안드레가 베드로를 데리고 온 이야기가 나오는데 이것이 같은 날 일어난 일인지 아니면 다음 날 일어난 일인지로 해석하는 차이에 의해 하루를 더 할지 말지가 결정된다. 두 가지 이유에서 7일의 이야기로 해석할 수 있다. 첫째, 비록 제자들이 예수님과 머문 다음 베드로를 데리고 오는 이야기에 '이튿날'이라는 표현이 없지만, 정황상 다음날 안드레가 베드로를 불러왔다고 보는 것이 디당하다고 생각되기 때문이다. 둘째, 7일로 해석하는 것이 첫 창조의 이야기와 병행될 뿐 아니라 요한복음이 보여주는 새로운 창조와 맥락을 같이 하기 때문이다. 요한복음의 제자 공동체 형성을 새로운 창조의 관점에서 보는 것은 매우 중요한 요소로서 5부에서 좀 더 자세히 다룰 것이다.

제자 공동체의 형성과 가나 혼인잔치

가나의 혼인잔치는 위에 설명한 일주일의 기간에 포함된다는 면에서 요한복음 서론에 포함된다. 서론에 포함되는 더 중요한 이유는 이 혼인 잔치에서 제자 공동체의 형성이 완성되기 때문이다. 물론 이 완성이란 서론에서의 결론이지 전체 복음서의 결론이 아님은 이미 수차례 언급했다. 제자들을 여러 모습으로 불러 모은 이야기가 완성되었음을 보여주는 이야기가 가나 혼인 잔치에 등장한다. 두 가지의 표현이 이를 드러내는데 먼저 '예수와 그 제자'(2:2)라는 말이 처음 등장하면서 제자 공동체의 형성을 알린다. 둘째로 가나의 혼인잔치가 보여주는 여러 상징에도 불구하고 이야기의 결론은 하인이나 연회장이나 신랑에게 있지 않고 그 사건을 통해 "제자들이 그를 믿으니라"(2:11)라는 결론으로 이야기를 매듭짓고 있는 것이다. 재창조는 결국 믿음의 제자 공동체를 형성하는 일임을 서론에서 암시하고 있다. 한가지 첨가할 것은 가나의 혼인잔치는 이처럼 서론에서 결론 역할을 함과 동시에 곧 펼쳐질 예수님의 본격적인 사역, 즉 공생애를 여는 역할을 한다는 점이다.

서론의 요약과 선교적 함의

요한복음의 서론은 요한이 이해한 거대 서사(grand narrative)이다. 이 서사는 창세 이전에서 보여주는 하나님과 말씀의 관계를 기초로 하여 거대 서사의 5 가지 요소들이 하나님께서 말씀(예수 그리스도)을 통해 펼치시는 3 가지 활동과 어울려 소개되고 있다.

말씀으로 창조하시고 타락한 세상에 말씀이신 그리스도를 세상에 보내시고 재창조를 위해 그리스도를 통해 제자 공동체를 형성하신다. 창조와 그리스도의 성육신 사이에 세상의 타락과 보냄받은 백성을 상징하는 증거자 요한이 등장한다. 이 모든 과정 속에 관계는 가장 핵심적인 단어로 등장한다. 하나님과 말씀의 관계, 그 말씀을 통한 창조로 인해 관계의 확장을 계획하신 하나님은 타락한 세상 속에서도 믿는 자들을 자녀 삼으시려 하시고 어두운 세상에 오신 그리스도는 세상에 거하시며 택한 자들과 함께 머무신다. 이러한 관계가 앞으로 펼쳐질 본문에서 어떻게 보여지는지를 아는 것은 보냄받은 자들이 주목해야 할 선교의 중요한 요소이다.

3

주류 유대인과의 충돌 및 주변부와의 만남

나의 양식은
나를 보내신 이의 뜻을 행하며
그의 일을 온전히 이루는 이것이니라

요한복음 4장 34절

3

주류 유대인과의 충돌 및 주변부와의 만남

전반부(2:13-12:50)

전반부의 중요한 요소들

요한복음의 전반부는 제자들과 함께 남쪽 예루살렘으로 가시는 것으로 시작하여(남으로 가기에 내려간다고 할 수 있고 예루살렘에 성전이 있기에 올라간다고 할 수 있다) 명절에 여러 차례 예루살렘으로 가서 주로 유대인들과 충돌하시는 이야기가 중요한 부분을 차지한다. 공관복음과 결정적인 차이는 공관복음의 중심 무대가 북쪽 갈릴리인 반면 요한복음은 주로 남쪽 예루살렘과 유대에서 유대인들과 충돌하는 이야기가 많다는 점이다. 이로 인해 반유대적(anti-Judaism) 복음이 아닌가 오해를 받지만 예수님이 반유대적일 이유가 무엇이 있는가? 그렇다면 유대인과 충돌은 무엇 때문인지를 이해하는 것이 읽기의 포인트가 될 것이다.

전반부에서 또 다른 중요한 포인트는 예수님께서 주류로부터 주변부 취급을 받는 사람들을 만나는 이야기다. 유대인과의 충돌이 “무엇을 잘못하고 있는가?”라는 수동적인 지적이라면 여러 개인과의 만남은 앞으로 이루어질 새로운 공동체는 어떤 공동체가 되어야 하는지에 대한 긍정적인 가르침이다. 여러 사람과의 만남을 통해 제자 공동체로 형성될 새로운 공동체의 특질이 어떠해야 하는지를 드러낸다. 예수님과 함께 다니는 제자들은 유대인들과의 충돌에서 무엇을 배우고 주변부와의 만남에서 무엇을 배우는가? 그 배움이 바로 제자 공동체가 선교 공동체로서 세워져 가는데 필요한 가르침이다. 그리고 오늘날 교회 공동체가 유의해야 하고 이루어야 할 내용들이다. 특히 유대인들과의 충돌은 명절 중심으로 이루어져 있고 요한복음은 구약이 직접 인용보다는 그 구약의 전체적인 의미들이 녹아들어 있는 복음이기에 명절의 의미와 본래의 의미를 잃어버린 유대인들의 모습을 이해하는 것이 필요하며 주변부의 여러 사람들에게 새롭게 제시하시는 본질적인 특질들을 이해해야 한다.

유대인

요한복음에는 '유대인'이라는 말이 많이 나온다. 마태복음에는 5 번 마가복음에는 6 번 그리고 누가복음에는 5 번이 나오는데 요한복음에는 70 번이 나온다. 비교가 되지 않을 만큼 유대인이라는 단어가 수없이 등장한다. 유대인이 누구인지를 아는 것은 예수님이 무엇에 대해 충돌하는지를 이해하는 데 필수적이다. 따라서 일반적으로 유대인이 누구인지를 아는 것보다 요한복음에서 이 용어가 어떤 의미로 사용되는지를 이해하는 것이 필요하다. 요한복음에서 유대인이라고 지칭하는 사람들은 단순히 인종적 혹은 지리적인 사람들이 아니라 율법 중심이고 성전 중심의 사람들을 뜻한다.[5)] 특히 유대인들이라는 복수 형태가 요한복음의 전반부에만 43 번 사용되는데 이는 특정한 그룹을 가리키고 있다.

이 유대인들과의 충돌은 주로 안식일이나 명절 기간에 성전에서 발생한다. 앞서 말한 대로 성전 중심과 율법 중심으로 살아가는 유대인 그룹과의 충돌로 이해할 수 있다. 이렇게 율법과 성전 중심으로 살아가는 유대인은 스스로 하나님의 백성이라는 강한 정체성을 가지고 있다. 예수님과 유대인들의 충돌을 통해 하나님의 백성에 대한 유대인과 예수님의 이해 사이에 간극이 있음을 알 수 있다. 그것을 파악하는 일이 이 충돌을 이해하는 데 필수적이다.

유대인의 명절과 예수님

명절 중심의 전개는 요한복음의 특징 중 하나이다. 명절이라는 단어만 17 번, 유월절이라는 단어는 10 번 사용되며, 초막절(7:2)이라는 단어는 신약에서 오직 요한복음에만 등장한다. 요한복음에서 명절은 6 번 언급되는데 유월절이 3 번(2:13; 6:4; 11:55), 이름이 언급되지 않은 명절(5:1), 초막절(7:2) 그리고 비록 레위기에 언급된 유대 명절은 아니지만 유대인이 절기로 지키는 수전절(10:22)이다.[6] 각각 명절과 전개되는 사건을 하나씩 보기에 앞서 명절 중심의 전개에 관통하는 주제를 알기 위해 '유대인의 명절'이라는 용어를 주목할 필요가 있다.

유대인의 명절이라는 소개가 언뜻 생각하면 유대인이 아닌 이방인 독자를 위한 친절한 설명처럼 보이고 이를 근거로 이것이 소위 '선교' 문서라고 주장할지 모르나 그런 표피적인 관점으로 선교 문서 운운하는 것은 요한복음과 선교 모두를 왜곡하는 결과를 가져올 수 있다. 요한복음에 언급된 명절 중 레위기에 나오는 명절만 '유대인의 명절'이라고 표현하고 있다는 점에서 분명한 의도를 가지고 이 용어를 사용했다고 말할 수 있다. 그렇다면 요한은 '유대인의 명절'이라는 용어를 반복 사용하면서 무엇을 의도하였는가? 이를 이해하기 위해서 하나님께서 처음 명절을 명하실 때로 돌아갈 필요가 있다. 레위기는 이렇게 소개한다(강조는 필자).

> "여호와께서 모세에게 말씀하여 이르시되/ 이스라엘 자손에게 말하여 이르라 이것이 **나의 절기들**이니 너희가 성회로 공포할 **여호와의 절기들**이니라/ 엿새 동안은 일할 것이요 일곱째 날은 쉴 안식일이니 성회의 날이라 너희는 아무 일도 하지 말라 이는 너희가 거주하는 각처에서 지킬 **여호와의 안식일**이니라/ 이것이 너희가 그 정한 때에 성회로 공포할 **여호와의 절기들**이니라/ 첫째 달 열나흗날 저녁은 **여호와의 유월절**이요/ 이 달 열닷샛날은 **여호와의 무교절**이니 이레 동안 너희는 무교병을 먹을 것이요"(레 23:1-6).

이 짧은 구절에도 반복적으로 사용되는 수식어가 등장한다. 절기를 말할 때마다 계속해서 그 절기들이 '여호와의' 절기임을 강조한다. 이 역시 단순히 친절한 설명이기보다 그렇게 강조하는 이유가 중요하다. 이는 백성을 택하시고 그들에게 제정해 주신 절기가 단순히 민족의 축제로 그치는 것이 아니라 그 안에 담고 있는 의미를 통해 선택된 백성의 정체성, 그들이 지속적으로 하나님을 알아 가는 것 등과 관련이 있다. 따라서 절기의 역할은 한마디로 하나님의 백성이 지속적으로 자신들의 정체성과 사명을 인식하는 일이다. 그렇다면 구약을 깊이 있게 함축하고 있는 요한복음에서 그 여호와의 절기를 '유대인의'라는 수식어를 반복하면서 대비하는 이유는 단순히 이방인을 위한 '친절'이 아니라 하나님께서 그 백성을 형성하시면서 기대하신 사명과 지금의 모습을 대비하고 있는 것이며 그것이 예수님께서 유대인들과 충돌하시는 이유의 본질이다. 그런 시각에서 전반부에 나타난 명절 중심의 사건을 살펴볼 필요가 있다.

유월절과 예수님

요한복음에 유월절이 3 번 등장하기 때문에 요한복음이 진행되는 시간을 측정할 수 있는 좋은 단서가 된다. 사실 유월절은 레위기에 기록된 7 개의 명절 중 첫 3 개의 명절, 즉 유월절, 무교절, 초실절을 대표하여 사용되는 이름이다. 물론 공관복음에서는 3 개의 명절을 대표하여 무교절이 사용되기도 한다(마 26:17; 막 14:1; 눅 22:1, 7). 요한복음에서는 유월절이란 용어만 사용되기 때문에 3 개의 명절을 모두 포함하는 유월절 주간으로 이해해야 한다. 유월절은 어린 양으로 묘사된 메시아의 구속적인 모습과 관련이 있고 실제 마지막 유월절과 예수님의 죽음이 연결된다. 요한복음에 나타난 세 번의 유월절은 구속의 주로서의 예수님을 이야기한다.

명절 중심으로 이어지는 요한복음의 이야기는 명절의 의미와 이어지는 이야기들을 통해 그리스도를 드러낸다. 첫 유월절과 이어지는 이야기는 요한복음의 2 장에서 4 장까지 연결되어 있다. 첫 유월절에 예수님은 제자들과 예루살렘 성전을 방문하여 성전을 깨끗하게 하신다. 예수님은 성전과 자신을 동일시하시며 구속의 주로서 죽음과 부활을 예고하신다. "너희가 이 성전을 헐라 내가 사흘 동안에 일으키리라"(2:19). 공관복음에서 사용된 '세우다'라는 단어 대신 '일으키다'라는 말이 건물이 아니라 부활임을 확증한다. 유월절 주간이 어린 양의 죽음을 상징하는 유월절과 예수 그리스도의 부활을 상징하는 초실절이 포함되어 있으므로 죽음과 부활에 대한 언급은 잘 연결된다.

이 첫 유월절 이야기에서 몇 가지 더 반추할 내용이 있다. 우선 예수님께서 성전과 자신을 동일시하신 것은 죽음과 부활이 단순히 희생의 의미만이 아니라 하나님과 인간이 성전이신 예수 그리스도를 통해 만나는 적극적인 교제에 있다는 사실이다. 요한복음 안에서 이 만남의 장소로서의 그리스도는 여러 상징으로 나타나는데 이미 언급한 '회막'으로서의 거하심 (1:14) 외에도 자신을 '만남의 사닥다리'와 동일시하신다 (1:51).[7] 회막, 사닥다리, 성전이 공통적으로 보여주는 것은 예수 그리스도가 하나님을 만나는 유일한 장소임을 말한다. 그다음으로는 구속의 주가 유대인을 넘어 모든 사람을 위해 구주이심을 선포하는 것이다. 성전 청결은 단순한 청소가 아니라 이방인의 뜰을 차지한 사람들에 대한 꾸짖음이다. 이 첫 유월절 이후에 전개되는 이야기를 통해 유대인도(니고데모), 그들이 대적하는 사마리아인도(사마리아 여인과 마을 사람들) 모두를 위해 구속의 주가 오셨음을 보여준다. 이 이야기는 잠시 후에 좀 더 자세히 다루려 한다.

두 번째 유월절은 요한복음 6장에 소개되는데 예루살렘이 아니라 북쪽 갈릴리에서 이야기가 전개된다. 오병이어 표적으로 요약되는 이 유월절에서 구속의 주는 생명의 떡으로 표현된다. 앞선 유월절에서 스스로를 만남의 장소로 동일시했던 예수님은 두 번째 유월절에서 온 백성을 위한 양식으로 자신을 동일시하신다. 유월절에 먹었던 희생 음식과 동일시된 예수님은 '참된 양식'이요, '참된 음료'가 되신다. 이 먹고 마심의 목적은 예수님의 말씀에 분명하게 드러나 있다.

> "내 살을 먹고 내 피를 마시는 자는 내 안에 거하고 나도 그의 안에 거하나니"(6:56).

유월절은 전통적인 의미에서 희생만이 강조되었지만 이제 유월절의 어린 양으로 오신 예수 그리스도는 희생을 포함하되 더 나아가 만남과 교제와 양식과 모든 사람을 포함하는 적극적인 의미로 구속의 주를 나타내신다.

이름이 소개되지 않은 명절과 예수님

요한복음에 이름을 밝히지 않은 명절이 나온다. 두 유월절 사이에 등장하는 이 명절과 이어지는 이야기는 요한복음 5장에 소개되어 있다. 예수님께서 예루살렘에 가셨고 유대인의 명절이라고 소개된 것으로 미루어 보아 레위기에 기록된 3대 명절(유월절, 오순절, 초막절) 중 하나일 것이다. 유월절은 나올 때마다 유월절이라고 언급하였고, 초막절도 그 이름을 분명히 밝혀 언급한 것으로 볼 때 가장 가능성이 있는 명절은 오순절이라고 할 수 있다. 실제로 초기 전통은 이 명절이 오순절임을 지지한다.[8] 어떤 명절인지를 밝히는 것이 중요한 일은 아니다. 다만 이 명절을 통해 진행되는 이야기가 오순절의 선교적 특질과 잘 연결된다.

이 명절에 예루살렘으로 가신 예수님은 베데스다로 가시는데 베데스다는 '양문 곁'에 있다. 양문은 제사에 쓰일 양들이 예루살렘으로 들어가는 문이다. 다시 말해 양문이 상징하는 것은 유대인의 종교적 열심이다. 흠 없는 양으로 올바른 제사를 드리려는 모든 율법 중심, 성전 중심의 유대인이 그 종교적 열심을 담아 희생의 양을 예루살렘으로 들인다. 그런데 예수님은 명절에 예루살렘으로 가셔서 양문이 아니라 그 옆에 있는 베데스다로 가신다. 베데스다는 도움이 필요한 사람들로 가득 찬 곳이다. 하지만 종교적 열심을 가진 사람들에게 그들은 가까이해서는 안 되는 사람들이다. 호세아를 인용(호 6:6)하여 예수님은 말씀하신다.

> "내가 긍휼을 원하고 제사를 원하지 아니하노라 하신 뜻이 무엇인지 배우라"(마 9:13).

명절의 본질은 규칙을 따르는 데 있지 않고 그 의미를 이해하고 실천하는 데 있다. 제사와 예배라는 열심이 '베데스다'와 연결되지 못하고 그곳을 생각할 수도 없게 한다면 그것은 단지 자기중심적이며 내부 지향적인 열심에 불과하다. 양문의 바른 제사와 예배는 반드시 베데스다를 향하게 되어 있고 그런 의미에서 제사와 예배는 선교적 제사이고 선교적 예배이다.

베데스다로 가는 것에 그치지 않고 예수님은 후에 성전으로 오셔서 안식일의 규칙을 깨버림으로 배타적인 사고로 물든 유대인들을 도전하신다. 안식일에 일하였다고 박해하는 유대인들을 향해 "내 아버지께서 이제까지 일하시니 나도 일한다"(5:17)고 응답하신다. 아버지는 무슨 일을 하시는가? 물론 일반적인 관점에서 하나님께서 온 우주를 지탱하시는 일을 언제나 하신다고 해석할 수도 있겠지만 하나님께서 예수 그리스도를 보내셨다는 주제 안에서 생각할 때 구속적인 의미와 선교적인 의미를 가진 해석이 타당해 보인다. 지금 아버지는 아들을 세상에 보내 구속의 일을 하고 계시며 그 아들을 통해 새로운 창조를 하고 계신다는 의미에서 선교적이다. 새로운 창조는 유대인들이 전통적으로 이해한 배타적 선택과 창조가 아니라 모두를 대상으로 한다는 면에서 선교적이다.

초막절과 예수님

유월절이 봄에 지키는 첫 3 개의 명절을 대표하는 용어로 사용되듯이 초막절 역시 가을에 있는 3 개의 명절(나팔절, 속죄일, 초막절)을 대표하는 용어로 사용된다. 초막절 이야기는 요한복음 7 장에서 11 장까지 이어진다. 중간에 수전절이 등장하는데 이는 새로운 명절을 소개하여 새로운 주제를 이끌어

가기 위한 것이 아니다. 예수님께서 유대인의 명절로 인해 예루살렘에 가실 때는 예외 없이 '올라가다'는 동사를 사용하는데 이 수전절에 그런 수식어가 사용되지 않았다. 즉 예수님께서 가을인 초막절에 예루살렘에 가셔서 그곳에서 겨울인 수전절을 지내시고 이듬해 봄인 마지막 유월절까지 머무시면서 많은 유대인들과 만나셨음을 말하고 있다.

모든 것을 마치고 아버지와의 영원한 집에 거하는 것을 상징하는 초막절에 예수님은 아버지의 집으로 돌아갈 것을 언급하신다.

> "내가 너희와 조금 더 있다가 나를 보내신 이에게로 돌아가겠노라"(7:33).

이제 유대인들과의 충돌은 점점 긴장의 강도가 높아진다. '간음한 여인' 이야기에서 그는 율법을 대체하며 완성하는 분임이 드러난다. 그가 땅에 손가락으로 무엇을 쓰셨는지는 모르나 '손가락으로 쓰셨다'는 것은 하나님께서 모세에게 주신 돌판을 연상시킨다(출 31:18). 그 율법은 하나님이 '친히'(우리 말 성경은 '친히'로 번역했지만 원문은 하나님의 손가락으로 쓰신 것이다) 손가락으로 쓰신 것이다. 그것과 대조하면서 이제 예수님은 간음한 여인을 용서하기 위해 땅에 손가락으로 쓰신다.

율법 중심의 유대인이 율법에 대한 오해를 넘어 스스로의 정체성을 왜곡하는데 예수님은 그들의 정체성에 대한 논쟁으로 이야기를 확대하신다. 핵심은 아브라함의 후손은 혈통에 있지 않고 아브라함이 행한 것을 하는 자들, 즉 하나님의 뜻을 이해하고 실천하는 것에 있다는 지적이다.

> "하나님께 속한 자는 하나님의 말씀을 듣나니 너희가 듣지 아니함은 하나님께 속하지 아니하였음이로다"(8:47). "너희는 너희 아비 마귀에게서 났으니 너희 아비의 욕심대로 너희도 행하고자 하느니라"(8:44).

이어지는 '날 때부터 소경된 자'의 이야기에서 예수님은 자신이 세상의 빛(9:5)이심을 밝히신다. 특별히 이 이야기와 이어지는 선한 목자이야기는 출교[9)]와 모으는 것에 대한 대비가 일어난다.

다음 장에서 보겠지만 예수님은 유대인뿐만이 아니라 유대인들이 상종하지 않는 사마리아 사람을 비롯하여 계속 모든 사람들을 안으로 이끌어 들이는 모습을 보여 주신다. 그런데 유대인들은 율법이라는 자신들의 기준을 기반으로 그것에 맞지 않으면 출교라는 방식을 통해 사람들을 내쫓고 벽을 쌓는다. 유대인들의 출교는 그 뒤에 나오는 선한 목자 이야기에서 나타나는 예수님의 인도하여 모으시는 주제와 대비되어 하나님의 선교적 백성인 이스라엘의 오류와 왜곡을 지적하는 요한복음의 일관성 있는 주제와 맞닿아 있다. 그 선한 목자 이야기는 양들을 모으시는 이야기에서 더 나아가 '우리에 들지 아니한 다른 양들'(10:16)까지 인도하여야 한다고 말씀하심으로 선교적 목적을 분명하게 드러낸다.

이 초막절과 관련된 마지막 이야기는 나사로의 이야기이다. 간음한 여인의 죄 용서로 시작한 이야기는 이제 생명을 주시는 이야기로 발전해 나간다. 나사로의 부활을 통해 예수님은 생명을 주시는 분으로 나타나고 처음으로 유대인과의 논쟁이 없는 사건으로 마감하게 된다. 물론 "그 중에 어떤 자는 바리새인들에게 가서 예수께서 하신 일을"(11:46) 알렸다.

이렇게 명절 중심의 이야기 전개를 통해 요한복음은 율법 중심이며 성전 중심인 유대인들, 특별히 유대 지도자들이 율법과 아브라함의 후손으로의 정체성에 대해 왜곡하고 있었음을 드러낸다. 이제 이러한 유대인들과의 논쟁이 선교적 공동체가 무엇을 잃지 않아야 하는지 수동적인 면을 보였다면, 그 사이사이에 새로운 공동체를 위한 능동적인 특질이 다양한 개인과의 만남을 통해 드러난다. 다음 장에서는 그 부분을 살펴보자.

예수님과 여러 개인들과의 만남

새로운 공동체의 특질

명절 중심으로 진행되는 유대인과의 충돌 외에 전반부에서 주목해야 할 또 하나의 주제는 예수님과 여러 개인들이 만나는 이야기이다. 유대인과의 이야기가 선교적 백성의 왜곡을 지적하는 면이 있다면 개인들과의 만남은 앞으로 형성될 선교적 공동체의 성격이 어떠해야 하는지를 보여주고 있다. 전반부에 예수님이 만나는 개인은 니고데모, 사마리아 여인, 베데스다의 병자, 간음한 여인, 날 때부터 소경된 자 그리고 나사로의 누이들이다. 몇 가지 구체적인 만남을 살펴보기에 앞서 이런 개인적인 만남이 보여주는 새로운 선교적 공동체가 취해야 할 특질은 다음과 같다.

먼저, 새로 형성될 선교적 공동체는 다양성을 가진 공동체이다. 배타적이지 않고 모두를 포함하는 다양성을 가진다. 예수님의 첫 여행이었던 가나에서 가나까지의 여정(2:13-4:54)은 유대인과 사마리아인 그리고 이방인[10]을 포함하는 여정이다. 지역적으로도 유대와 사마리아와 땅끝이 시작되는 갈릴리[11]를 포함한다.

그다음 이 공동체는 믿음으로 형성되는 공동체이다. 다시 말해서, 혈통이나 어떤 자격에 의해서 부여되는 공동체가 아니라는 말이다. 유대인들은 자신들이 아브라함의 자손이기 때문에 하나님께 속한 공동체라고 생각했지만, 예수님은 그것을 부인하시고 이 새로운 공동체는 그런 인간의 자격에 의해서 제한되는 공동체가 아니라 예수 그리스도를 믿는 누구에게나 열려 있는 믿음의 공동체임을 선포한다. 사마리아 여인도, 왕의 신하의 모든 가족도, 날 때부터 소경 된 자도 그리고 아마도 베데스다의 병자와 간음한 여인도 모두 믿음으로 예수님과 이어졌다. 경계선은 혈통이나 자격이 아니라 믿음이다.

세 번째 특질은 공동체가 가진 친밀한 관계이다. 니고데모가 후에 예수님의 장례를 위해 지불한 어마한 양의 몰약과 침향(19:39)이나 마리아가 부은 향유(12:3)는 모두 그들이 예수님과 가졌던 사랑과 친밀도를 나타낸다. 사마리아 여인도 그런 친밀함을 경험했으며 예수님의 친밀한 관계는 나사로의 이야기에 가장 잘 드러나 있다. 그는 나사로의 가족을 사랑(아가파오)했으며 나사로를 자신의 친구(친구라는 말을 처음 사용하였고 후에 제자들에게 같은 단어를 사용하신다)라고 부르신다. 이러한 친밀한 관계는 그 주위에 있던 유대인들의 말을 통해 확증된다.

"보라 그를 얼마나 사랑하셨는가"(11:36).

니고데모 – 한 줄기 빛

요한복음은 전체적으로 볼 때 율법 중심과 성전 중심의 유대인들, 특별히 유대 지도자들과 예수님의 논쟁을 통해 유대인들은 다소 부정적으로 그려지는 반면, 그 주류 유대인들에 의해 주변으로 여겨지는 다양한 사람들은 예수님과 만나면서 믿음을 보이는 긍정적인 모습으로 그려진다. 그런 상황에서 유대인 니고데모는 바리새인(3:1)이요, 유대인의 지도자(3:1)이며 이스라엘의 선생(3:10)으로서 요한복음에 3 번이나 등장하면서 점차적인 변화의 모습을 보여준다. 유대인으로서 하나의 희망을 보여주고 있다. 그 점차적인 변화의 과정을 살펴보자.

니고데모는 유월절에 예수님이 행하신 표적을 보고(2:23) 예수님을 찾아왔다. 니고데모는 예수님을 자신이 본 표적을 기초로 하여 "하나님께로부터 온 선생"이라고 고백한다. 그러나 대화를 통해 예수님은 표적 신앙이 아니라 거듭남을 통해서만 볼 수 있는 하나님의 나라를 말씀한다. 니고데모는 예수님과의 첫 만남에서 비록 이스라엘의 선생이지만 '하늘의 일'에는 무지함을 보인다.

니고데모의 두 번째 등장(7:45-52)은 첫 번째 등장보다는 좀 더 긍정적으로 그려진다. 바리새인으로 언급된 유대 지도자들은 바리새인과 유대 지도자들 중에는 예수를 믿는 자들이 없다고 믿으며(7:48) 갈릴리 사람들만 예수를 따른다고 생각한다(7:52). 하지만 그에 대한 니고데모의 응답은 유대인들 가운데 믿는 사람이 있음을 암시한다. 요한복음 전반부를 마감하며 언급하는 요한의 말도 이를 지지한다.

> "관리 중에도 그를 믿는 자가 많되 바리새인들 때문에 드러나게 말하지 못하니"(12:42).

두 번째 등장은 니고데모의 마지막 등장이 믿음을 향한 긍정적 방향으로 전환되고 있음을 암시한다. 마지막 등장에서 니고데모가 예수 그리스도의 제자가 되었는지 아니면 믿음을 가지게 되었는지 명시적인 언급은 없다. 이로 인해 니고데모를 부정적으로 평가하며 주저하다가 믿음을 갖지 못한 사례로 보는 시각이 있다. 하지만 그런 명시적인 단어에 의존할 것이 아니라 넓은 문맥에서 보면 다르게 평가된다. 우선 예수 그리스도의 십자가 사건 이후 니고데모는 아리마대 요셉과 함께 예수님을 장사하러 온다. 아리마대 요셉이 예수의 제자(19:38)로 소개되는데 니고데모 역시 그와 같은 위치에 있었다고 말할 수 있다. 게다가 당시 예수님의 제자들이 무서워하며 보인 행동과 니고데모의 행동을 비교하면 그에게 믿음이 없었다고 말하기 어렵다. 또한 니고데모가 장사를 위해 가져온 것은 왕의 장사에 소요되는 것에 비견되는 것으로 니고데모가 예수 그리스도의 왕 되심을 이해하고 있었다고 할 수 있다. 예수 그리스도의 십자가 사건 이후 요한은 제자들의 회복과 선교적 공동체의 형성을 이야기하고 있다. 따라서 전반부가 아닌 이 후반부에 누군가 끝까지 믿지 않았다는 것을 말하기 위해 요한이 이 이야기를 넣었다고 보는 것은 적절치 않다. 따라서 요한복음에 등장하는 니고데모는 선교적 정체성을 상실한 율법 중심과 성전 중심의 유대인들을 지적하는 상황 속에서도 그들에게 희망이 있고 그들도 선교적 공동체에 포함되어야 함을 보여주는 한 줄기 빛과 같다.

사마리아 여인 – 사회-종교적 장벽의 극복

당시 주류 유대인이 볼 때 예수님이 주변에 속한 여러 사람들과 만남을 가지는 모습은 사회-종교적 장벽을 극복하는 관점에서 파악해 보아야 한다.

사마리아 여인 이야기는 세 개의 연결된 이야기로 구성되어 있다. 첫 이야기는 예수님과 사마리아 여인이 나누는 대화

(4:4-26), 두 번째는 먹을 것을 구하러 갔다가 돌아온 제자들과 예수님의 대화(4:27, 31-38), 마지막으로 수가에 사는 사마리아 인들의 이야기(28-30, 39-42)이다.

사마리아 여인과 만나는 첫 이야기는 예수님이 넘어가신 여러 장벽을 보여줌으로써 이후 선교적 공동체가 극복해야 할 장벽을 드러낸다. 예수님이 넘으신 장벽은 오랜 역사를 통해 형성된 다중적인 모습의 장벽이다. 사마리아 여인과의 대화를 위해 넘어야 했던 장벽은 지리적, 인종적, 사회적, 문화적, 성적, 윤리적, 종교적 그리고 심지어 신학적인 장벽이다. 유대인과 사마리아 사람들이 상종하지 않고 그들 사이에 장벽이 존재한다는 사실은 사마리아 여인의 응대에서도 드러난다.

> "당신은 유대인으로서 어찌하여 사마리아 여자인 나에게 물을 달라 하나이까"(4:9).

예수님의 제자들 역시 이에 대해 의아하게 반응하였다.

> "제자들이 돌아와서 예수께서 여자와 말씀하시는 것을 이상히 여겼으나"(4:27).

위에 언급한 외적인 장벽도 문제지만 대화를 해 나가면서 겪게 되는 내적인 장벽에도 주목해 보아야 한다.

> "나에게 물을 달라 하나이까"(4:9), "나는 남편이 없나이다"(4:17), "우리 조상들은 이 산에서 예배하였는데"(4:20).

이러한 반응은 사마리아 여인이 예수님과의 대화에서 보이는 내적 저항을 보여준다. 주목해야 할 것은 그런 상황에도 예수님께서 유지하고 계시는 사랑의 태도이다. 예수님은 사람을 만나는 일에 모든 장벽을 넘으시고 사람을 그에게 붙어 있는 여러 수식어, 즉 인종, 종교 등의 편견을 통해 접근하지 않으신다.

그는 사랑의 태도를 유지하면서 동시에 진리로 인도하는 초점을 놓치지 않으신다. 다음의 용어들이 예수님께서 사마리아 여인과의 대화를 단순한 교제가 아니라 진리에로 초대하는 교제임을 보여준다. "하나님의 선물"(4:10), "영생"(4:14), "구원"(4:22), "영과 진리로 예배"(4:23), "내가 그(메시아)라"(4:26).

사랑 안에서 진리로 인도하신 결과는 사마리아 여인이 하는 믿음의 고백으로 나타난다.

> "이는 그리스도가 아니냐"(4:29).

사마리아 여인의 이야기는 개인적인 만남으로 그치지 않고 여인이 마을로 돌아가 사람들을 예수님께로 데리고 오는 이야기로 발전된다. 그 사이에 두 번째 이야기가 시작된다. 두 번째 이야기는 이 사마리아 여인 이야기 전체가 제자들을 위한 선교적 교육을 제공하고 있다는 사실을 알려 준다. 이 이야기뿐만이 아니라 전반부 전체는 큰 맥락에서 볼 때 제자들을 선교적 공동체로 세워나가는 일종의 교육, 훈련이라는 면을 보여준다. 비록 그들이 사마리아 여인과 예수님의 대화에 직접 참여한 것은 아니지만 그 만남의 결과를 곧 보게 된다. 예수님께서 위에 설명한 여러 사회-종교적 장벽을 넘으신 것은 결과적으로 아버지의 뜻을 행하시는 일이었다.

> "나의 양식은 나를 보내신 이의 뜻을 행하며 그의 일을 온전히 이루는 이것이니라"(4:34).

이것은 이후에 예수님의 뜻을 이해하고 그것을 세상에서 수행해야 할 선교적 공동체로서 제자 공동체가 동일하게 수행해 나가야 할 사명이 된다.

세 번째 이야기는 예수님께서 여러 장벽을 넘어 행하신 그 사역이 어떤 결과를 가져오게 되는지를 보여준다. 결과적으로 사마리아인들이 이렇게 고백한다.

"우리가 친히 듣고 그가 참으로 세상의 구주신 줄 앎이라"(4:42).

이 이야기는 예수님과 그 이후에 제자들을 통해 이루어질 선교 사명의 전체 그림을 요약해서 보여준다. 그리스도께서 아버지의 뜻을 행하시고 그 결과로 제자 공동체가 선교적 공동체로 세워지며 그 제자들의 증거를 통해 사람들이 주님께로 오게 되는 전체 그림의 요약이다.[12] 그들이 예수님을 믿게 되었다는 것으로 이야기가 끝나지 않고 예수님께 더 머물기를 청하는 이야기로 확장되는 것은 요한복음의 주요 주제인 머물고 교제하는 특질을 다시 한번 보여준다. 그들이 예수님과의 교제를 통해 보여 준 것은 여인의 말을 통한 믿음에서 스스로의 믿음으로 깊어졌다는 것이다.

제자들

전반부의 이야기를 마감하면서 과연 제자들은 누구인가를 이해하는 것이 다음 후반부를 이해하는 데 도움이 된다. 개인적인 만남과 예수님의 여러 표적들을 통해 많은 사람들이 믿었다. 그렇다면 사마리아 사람들을 포함하여 예수님을 믿게 된 사람들과 소수의 제자들은 어떤 차이가 있는가? 예수님을 믿게 된 사람들이 모두 제자인가? 그렇다면 당시 제자 공동체는 사마리아 사람들과 이방 사람들을 포함한 다민족 공동체였는가? 우리가 12 명의 제자라고 부르는 그 제자들의 역할은 무엇인가? 이러한 질문들을 이해하기 위해 요한복음에서 제자라는 말을 어떻게 사용하는지 파악해 보아야 한다.

요한복음에서 제자라는 말은 주로 12 제자를 가리키는 용어로 사용된다. 물론 예외가 존재한다. 12 명에 속하지 않은 아리마대 요셉을 '예수의 제자'(19:38)라고 소개한다. 또한 오병이어 사건 후에 이어진 설명에서 "그의 제자 중에서 많은 사람이 떠나가고 그와 함께 다니지 아니하더라"(6:66)는 설명이 나온다. 이는 요한복음이 12 제자에 포함되지 않은 사람들에 대해서도 제자라고 호칭을 사용하고 있음을 말한다. 예수님은 12 제자에게 "너희도 가려느냐"(6:67)고 물으신다. 제자라는 단어가 '돌아간 자들', '아리마대 요셉을 포함하여 끝까지 남은 자들' 그리고 '12 제자들'에 대하여 사용되고 있다. 소수의 제자들을 지칭할 때 항상 그런 것은 아니지만 '12 명'이라는 용어를 사용하는 경우가 4 번 있다(6:67, 70, 71; 20:24). 그러니까 요한복음은 예수를 따르는 모든 사람을 구분하지 않고 제자라고 부르고 있다. 12 명의 제자를 포함하여 따르는 모든 사람을 제자라고 부르는 것은 요한복음에서 제자의 의미가 특정한 부류의 사람들에 대한 용어라기보다는 예수님의 말씀을 듣고 그에게 남은 모든 사람들을 지칭하고 있음을 보여준다. 자신을 믿은 유대인들에게 예수님께서 하신 말씀은 이를 확증한다.

"너희가 내 말에 거하면 참으로 내 제자가 되고"(8:31).

요한복음이 말하는 제자는 단순히 믿는 사람이 아니라 믿고 그 말씀 안에 거하는 사람들을 말한다.

이런 제자의 내용적인 면을 고려한다면 예수님께서 여러 사람들을 만나고 그들이 예수님을 믿게 되는 일련의 사건들은 예수님께서 그 스스로 당대에 다민족 제자 공동체를 만들려 했다고 보기보다는 예수님을 통해 세워지는 제자 공동체가 따라야 할 그리고 형성해야 할 모습이 어떠해야 하는가를 보여주는 것이라고 할 수 있다. 예수님을 믿고 그의 말씀에 거하는 제자는 소수의 제자들, 즉 12 명의 제자들이 대표하며 실제로 요한복음은 대부분의 경우 제자라는 말을 이 12 명의 제자를 지칭할 때 사용한다. 예수님께서 유대인들과 논쟁하고 여러 주변부 사람들과 만남을 가지는 중요한 이유 중 하나는 제자 공동체를 세상에 보내시기 전에 선교적 공동체로 교육하고 훈련하는 것이다.

전반부 요약과 선교적 함의

전반부 이야기는 예수님께서 하나님의 선교적 백성이라고 볼 수 있는 유대인들과의 논쟁이라는 축과 주류에 의해 주변부로 인식되는 여러 사람들을 예수님께서 만나시는 또 하나의 축으로 구성되어 있다. 그리고 이 두 이야기 모두는 함께 다니는 제자들을 세상에 보내기에 앞서 훈련하고 교육하는 목적을 가지고 있다. 요한복음에서 유대인이라 불리는 사람들은 율법 중심과 성전 중심의 신앙을 가지고 있으며 혈통에 의해 아브라함의 자손이라고 믿고 있다. 그들은 배타적인 선택 사상을 가지고서 율법을 지키고 하나님께 제사하는 일이 매우 중요하다고 믿고 있지만, 그것은 철저하게 자신들을 향해 있기에 세속적이다. 선택의 본질, 즉 선교적 백성의 본질을 잃어버리고 형식만을 붙들고 있으면서도 본질을 붙들고 있다고 믿는 어리석음이다. 명절 중심의 전개를 통해 요한은 예수님께서 그러한 왜곡과 변질에 대해 강하게 질책하고 있음을 지적한다. 니고데모는 비록 즉각적인 변화는 아니지만, 점진적인 변화를 통해 희망의 빛을 보여준다.

반대로 주류에 의해서 그리고 스스로도 하나님의 백성이라 말하기 어려운 주변부는 오직 예수님을 믿고 그 말씀 안에 거함으로 그 백성이 되고 그 제자가 되는 기쁨을 누린다. 이들과의 만남은 하나님의 구원이 차별 없이 모든 사람에게 열려 있다는 것과 앞으로 하나님 나라의 백성이 "각 나라와 족속과 백성과 방언에서"(계 7:9) 온 사람들로 구성된다는 사실을 보여준다. 이런 만남을 위해 예수님께서 깨뜨리신 율법의 장벽과 여러 사회-종교적 장벽들은 예수님에 의해 세워지는 제자 공동체가 앞으로 선교적 공동체로서 감당해야 할 태도이고 사역이다. 그런 면에서 전반부는 여러 사건을 통해 제자 공동체를 선교적 공동체로 준비시키는(equipping) 선교적 실습의 시간이다. 이렇게 실습한 내용을 기반으로 후반부에서는 죽음을 앞두고 소수의 제자들과 시간을 가지며 그 의미를 풀어주시는 예수님의 선교적 표적과 강화가 시작된다.

4

제자 공동체와의 마지막 시간

너희도 행하게 하려 하여
본을 보였노라

요한복음 13장 15절

4

제자 공동체와의 마지막 시간

후반부(13:1-17:26)

후반부의 구성

요한복음은 12 장까지의 전반부와 13 장부터의 후반부가 뚜렷하게 나누어지는 복음서이다. 12 장까지는 예수님의 다양한 사역이 소개되었다. 명절을 배경으로 한 유대 지도자들과의 논쟁, 주변부 사람들과의 만남, 새로운 공동체의 형성이 예수님의 핵심 사역으로 소개되었다. 그리고 이 모든 것은 함께 다니는 제자 공동체를 세상에 파송하기 전에 교육과 훈련하는 기능을 가지고 있었다.

3 년간 예수님과 함께 다니며 여러 가지를 경험한 제자 공동체는 그 모든 것을 이해하지는 못했다. 요한은 중간마다 그러한 상황을 소개한다.

> "죽은 자 가운데서 살아나신 후에야 제자들이 이 말씀하신 것을 기억하고 성경과 예수께서 하신 말씀을 믿었더라"(2:22), "제자들은 처음에 이 일을 깨닫지 못하였다가 예수께서 영광을 얻으신 후에야 이것이 예수께 대하여 기록된 것임과 사람들이 예수께 이같이 한 것임이 생각났더라"(12:16).

이제 후반부는 예수님께서 자신의 사역을 정리하면서 십자가를 지시기 전에 소수의 제자들과만 시간을 가지며 이제까지 했던 그 모든 것들이 무엇을 의미하는지 핵심을 설명하는 이야기로 구성되어 있다. 예수님께서 십자가를 지시기 전에 소수의 제자 공동체와 별도의 친밀한 시간을 가졌다는 사실과 그 내용을 전체 21 장 중에서 후반부 5 장(13-17 장)에 걸쳐 기록하는 요한의 의도에서 요한복음의 핵심이 결국 제자 공동체의 형성에 있다는 것을 알 수 있다. 따라서 후반부의 내용을 잘 이해하는 것은 예수님의 사역에 대한 요약이고 제자 공동체를 형성하는 목적을 이해하는 중요한 부분이다. 후반부는 세 부분으로 구성되어 있는데, 제일 먼저 예수님의 행동인 세족식(13-14 장) 그리고 그 이후에 예수님께서 말씀하시는 강화(15-16 장), 마지막으로 예수님의 선교적 기도(17 장)이다.

세족식

후반부인 13 장은 다시 배경이 명절이라는 것을 설명한다. "유월절 전에"(13:1). 이는 요한복음의 세 번째이자 마지막 유월절이다. 명절 중심으로 진행된 전반부 이야기의 특징 중 하나는 표적이라 부르는 행동이 있고 그 표적이 무엇을 의미하는지 설명하시는 강화가 이어졌다. 요한복음에서 예수님께서 하신 행동을 표적이라고 부르는 이유는 예수님께서 행하신 기적 자체에 목적이 있지 않고 기적 혹은 꼭 기적이 아니더라도 어떤 행동을 하시고 뒤에 그에 대한 설명을 하셨기 때문이다. 따라서 요한복음에 몇 번의 표적이 나오는지에 관한 대부분의 논의는 기적을 몇 번 일으키셨는지를 따지고 그 숫자에 의미를 붙이곤 하는데 엄밀히 말하면 요한복음의 의도와 무관하다. 그것이 인간의 시각에서 기적이든 아니든 예수님께서 어떤 행동을 하시고 그에 관련한 말씀(강화)이 뒤따르고 있다면 요한복음이 의도한 표적이다. 앞선 두 유월절을 보면 첫 번째 유월절에서는 성전 청결의 표적이 있고 –이것이 기적이 아니지만– 그 후 유대인들과의 이야기에서 예수님은 자신을 성전과 동일시하는 말씀을 하셨다. 두 번째 갈릴리에서 있었던 유월절의 경우 오병이어의 표적이 있었고, 그것과 관련하여 자신을 생명의 양식으로 동일시하는 강화가 있었다. 13 장을 시작하는 마지막 유월절 전에도 역시 행동과 강화라는 형식이 반복된다. 행동은 세족식이고 이어서 강화가 시작된다. 따라서 세족식은 비록 기적은 아니지만, 요한복음의 표적-강화 형식을 따르고 있다는 면에서 표적이며, 그 표적에 대한 강화가 뒤이어 전개된다. 이 세족식이라는 표적이 어떤 의미를 가지고 있는지 살펴보는 일은 요한복음의 후반부를 이해하는 데 매우 중요하다.

가장 중요한 표적

요한복음이 기적이라는 용어가 아니라 표적(세메이아)이라는 용어를 사용한다는 점에서 표적의 중요성은 그것이 얼마나 놀라운 기적인가의 여부가 아니라 얼마나 깊은 의미를 가지고 있는가에 달려 있다. 세족식은 비록 기적이라는 측면에서는 대단하지 않을지 모르나 요한복음이 말하려는 표적, 즉 그 의미의 관점에서 본다면 가장 중요한 표적이다. 제자들은 앞선 두 번의 유월절 표적과 마찬가지로 세족식이라는 표적의 의미를 잘 파악하지 못한다.

첫 유월절에서 성전과 자신을 동일시한 예수님의 말씀을 이해하지 못하였고 두 번째 유월절에서도 예수님의 말씀을 어려워했다.

> "제자 중 여럿이 듣고 말하되 이 말씀은 어렵도다 누가 들을 수 있느냐"(6:60).

마지막 유월절 강화에서도 제자들은 예수님의 행동을 이해하기 어려웠다. 예수님께서 이해하지 못하는 베드로에게 말씀하셨다.

> "내가 하는 것을 네가 지금은 알지 못하나 이후에는 알리라"(13:7).

이것은 마지막 유월절 표적과 강화가 전반부에서 보여주었던 표적-강화와 같은 형식을 가지고 있다는 외적 증거이다.

그렇다면 세족식이 어떤 의미에서 가장 중요한 표적인가?

이전까지의 표적과 강화가 유대인들 혹은 군중을 대상으로 행하고 말씀하신 것에 반해 세족식과 이어진 강화는 소수의 제자들과 별도의 시간을 가지면서 보여주시는 독점적인 행동이고 강화이다. 소수의 제자들만을 대상으로 이 표적으로서의 행동과 강화를 하셨다는 것 자체가 매우 중요한 표적임을 암시한다. 하지만 단지 표적을 행하는 대상이 제자들이라는 외적 차이점 때문이 아니라 요한복음의 전체적인 내용이 예수님께서 제자 공동체를 선교 공동체로 세워가고 있다는 핵심 주제와 연결하여 볼 때 제자들에게만 보이시는 표적은 특별한 의미를 가질 수밖에 없다.

제자들로 하여금 따라 행할 것을 요구한다는 점에서 세족식은 앞선 표적과 차이가 있다.

> "내가 너희에게 행한 것 같이 너희도 행하게 하려 하여 본을 보였노라"(13:15).

앞선 표적들은 예수 그리스도가 메시아임을 드러내는 데 목적이 있었기 때문에 그것을 따라 하라는 요구는 없었다. 예수 그리스도가 바로 구약에 예언된 구원자이심을 드러내는 표적이고 따라서 구속적인 목적을 가지고 있었다. 그것은 군중들이나 제자들이 따라 할 수도 없는 표적이었다. 하지만 세족식은 제자들이 따라 해야 할 표적이다. 예수님께서 세족식을 왜 하셨는지를 설명하는 서문에서 요한은 이렇게 말한다.

> "유월절 전에 예수께서 자기가 세상을 떠나 아버지께로 돌아가실 때가 이른 줄 아시고 세상에 있는 자기 사람들을 사랑하시되 끝까지 사랑하시니라"(13:1).

따라서 세족식은 떠나시기 전에 제자들을 끝까지 사랑하신 예수님의 사랑의 표적이고 그 후에 세상으로 파송될 제자들이 지속적으로 서로에게 그리고 다른 사람들에게 해야 할 선교적 표적이라는 점에서 특별한 표적이다.

> "내가 주와 또는 선생이 되어 너희 발을 씻었으니 너희도 서로 발을 씻어 주는 것이 옳으니라"(13:14).

제자들에게 독점적으로 보이시고 그것을 따라 하라고 하셨으며 세상에서 지속적으로 감당할 사명과 연관되어 있는 세족식이기에 제자 공동체인 교회 공동체에게 이 표적은 중요하다.

자리를 바꾸는 세족식

가장 중요한 표적이 놀라운 기적이 아니라 당시 사회적인 관점에서 가장 낮고 천하고 보잘것없는 행동이었다는 것은 아이러니하다.

> "내가 주와 또는 선생이 되어 너희 발을 씻었으니"(13:14).

주와 선생이면서 종이 하는 이러한 행동을 하신 것은 단순한 행동이 아니라 예수님께서 세상에 오신 정체성을 보여준다. 바울은 예수님을 이렇게 묘사한다.

"그는 근본 하나님의 본체시나 하나님과 동등됨을 취할 것으로 여기지 아니하시고 오히려 자기를 비워 종의 형체를 가지사 사람들과 같이 되셨고 사람의 모양으로 나타나사 자기를 낮추시고 죽기까지 복종하셨으니 곧 십자가에 죽으심이라"(빌 2:6-8).

예수님 자신이 낮추고 복종하여 세상을 구원하듯이 제자 공동체도 서로에게 그리고 세상에서 이것을 따르는 태도와 행동을 함으로써 예수 그리스도를 드러낼 것을 요구하신다.

제자들을 사랑하시는 행동으로 자신을 낮추시는 세족식을 하신 것은 성경이 말하는 사랑, 그리고 제자들이 세상에서 선교적 공동체로서 행해야 하는 사랑의 본질을 보여준다. 사랑한다는 것은 '주'와 '선생'이라는 지위를 유지한 채 베푸는 어떤 행동이 아니라 지위의 변화, 즉 종으로 혹은 적어도 같은 자리에서 행하는 것이다. 다시 말해서 행동이 아니라 자리의 변화가 사랑의 기초이다. 파송을 앞두고 제자 공동체에게 마지막 강화를 위한 표적으로 세족을 행하신 것은, 제자 공동체가 세상에서 지속적으로 감당할 선교적 사명은 행동에 앞서 자리의 변화가 필수적이기 때문이다.

세상을 섬기도록 부름받은 하나님의 백성인 유대인은 오랜 시간을 거치면서 자신을 중심에 두는 배타적 지위를 스스로 만들고 성경조차 영생을 위한 도구로(5:39) 생각하며 이웃 사랑도 영생을 위한 도구로(눅 10:25-29) 생각하였다. 제자 공동체가 세상에서 선교적 공동체로 존재하는 것은 행동에 앞서 자기중심적인 배타적 지위를 바꾸는 일이다. 하늘 본체가 종의 형체를 취하듯이 제자들은 서로서로 사랑하되 남을 낮게 여기는 배타성이 아니라 "오직 겸손한 마음으로 각각 자기보다 남을 낫게 여기"는(빌 2:3) 자세가 필수적이다. 예수님과 같은 정체성을 갖는 이러한 정체성으로서의 세족 행동은 사역의 관점이 아니라 예수 그리스도에게 속하는 본질의 관점으로 발전된다.

예수님과 관계를 맺는 세족식

예수님은 이 세족식이 단순히 따라 해야 하는 행동에 불과한 것이 아니라 예수님과 제자들이 관계를 맺는 중요한 사건임을 말씀하셨다.

> "예수께서 대답하시되 내가 너를 씻어 주지 아니하면 네가 나와 상관이 없느니라"(13:8).

이 세족식이 어떤 의미에서 예수님과 제자들이 '상관'되며 그 행동을 따라하는 것이 이 '상관'과 어떻게 연결되는가?

'상관'으로 번역된 '메로스'라는 단어는 1차적으로 '부분', '조각'을 의미하는 단어이다. 요한복음에 4번 나오는데 이 본문을 빼고는 모두 1차적인 의미로 사용된다.[13] 그 1차 의미에서 확장되어 일부분을 취한다는 의미에서 '교제', '나눔' 등 2차적인 의미가 된다. 예수님께서 제자들에게 말씀하시는 '상관'은 제자들의 지속적인 교제와 참여를 의미한다. 이러한 의미는 그 뒤에 나오는 예수님의 강화를 통해 그 의미가 분명히 드러난다.

뒤에 이어지는 강화에서 예수님은 제자들과의 관계를 포도나무의 비유를 통해 말씀하신다. '상관'이란 지속적인 교제와 참여를 의미하는데 포도나무와 가지는 지속적인 관계 그리고 '붙어 있음'을 유지하여 열매를 맺는 그림을 보여준다. 세족의 의미는 예수님과 지속적으로 관계를 맺으며 동시에 열매를 맺는 일이다.

이 관계를 설명하기 위해 예수님은 제자들에게 '친구'라는 새로운 용어를 사용하신다.

> "너희는 내가 명하는 대로 행하면 곧 나의 친구라 이제부터는 너희를 종이라 하지 아니하리니 종은 주인이 하는 것을 알지 못함이라 너희를 친구라 하였노니 내가 내 아버지께 들은 것을 다 너희에게 알게 하였음이라"(15:14-15).

지속적인 교제와 참여인 '상관'은 예수님의 '종'이 아니라 '친구'가 되는 일이다. 이는 신분과 사명이라는 두 가지 면을 모두 포함한다. 뜻을 알기보다는 명령을 받아서 일을 하는 종이 아니라 친밀한 관계를 통해 뜻을 이해하고 함께 참여하는 친구로 제자들을 부르신다. 친밀한 관계란 태초에 아버지와 말씀의 관계가 그랬듯이 '뜻'을 온전히 아는 일이다. 예수님께서 "아버지께 들은 것을 다 너희에게 알게 하였다"고 말씀하신 것은 이제 제자들을 친밀한 관계로 부르시며 그 뜻을 행하도록 부르셨다는 것을 의미한다. '상관'이란 친밀한 관계를 맺는 것이고 그 뜻을 알아 열매를 맺는 일이다. 따라서 세족이라는 표적은 단순한 행동의 반복을 요구하는 것이 아니라 지속적으로 관계를 맺고 서로를 사랑함으로 세상에서 열매를 맺는 선교적 의미를 가지고 있다.

예수님께서 제자들에게 '본'을 보이신 이유가 그들이 이것을 서로에게 함으로써 서로를 지속적으로 사랑하도록 하셨다. 제자 공동체 내부로 제한하는 것은 아니지만 서로의 사랑이라는 내부적 속성이 없이 세상에 나가 사람들의 발을 씻는 사랑의 행동이 성립될 수 없음을 말한다. 요한복음이 강조하는 선교적 속성은 이렇게 하나님과 맺고 서로 간에 맺는 관계와 섬김이 필수적이다. 이어지는 강화는 세족의 의미를 더욱 발전시킨다.

제자들을 위한 강화

예수님은 세족식 이후 제자들과 말씀을 나누신 후 "일어나라 여기를 떠나자"(14:31)라고 하셨다. 하지만 실제로 제자들이 이동하는 것은 18 장에서 시작된다. 따라서 요한복음 15 장과 16 장의 예수님의 강화가 어디에서 일어났는지를 정확히 판단하기는 어렵다. 13 장과 14 장에서 세족식 이후 제자들의 질문에 답하여 이야기를 하신 예수님은 15 장과 16 장에서 마지막으로 제자들에게 몇 가지 주제들에 대해 말씀하신다. 그 주제들을 살펴보자.

상호거주

상호거주는 요한복음에서 반복적으로 나오는 주제이다. '머문다'(메노)라는 단어가 빈번하게 사용되고 있고 예수 그리스도와 함께 머문다는 것의 의미를 알아 가는 것이 제자들에게 그리고 독자에게 중요한 주제이다. 요한복음에 40 번이나 사용되는 '머문다'라는 단어가 15 장에 집중적으로 사용된다. 무려 11 번 나온다. 본문을 살펴보자(굵기와 밑줄로 표시했고 원래 있어야 하나 생략된 경우는 괄호로 그리고 원문에는 없으나 의미가 생략되었기에 우리말 성경에 나온 것은 따옴표로 표시했다).

15:4 내 안에 거하라 나도 너희 안에 **'거하리라'** 가지가 포도
나무에 붙어 있지 아니하면 스스로 열매를 맺을 수 없음
같이 너희도 내 안에 있지 아니하면 그러하리라
15:5 나는 포도나무요 너희는 가지라 그가 내 안에(거하고),
내가 그 안에 **'거하면'** 사람이 열매를 많이 맺나니 나를 떠
나서는 너희가 아무 것도 할 수 없음이라
15:6 사람이 내 안에 거하지 아니하면 가지처럼 밖에 버려
져 마르나니 사람들이 그것을 모아다가 불에 던져 사르느니
라
15:7 너희가 내 안에 거하고 내 말이 너희 안에 거하면 무엇
이든지 원하는 대로 구하라 그리하면 이루리라
15:9 아버지께서 나를 사랑하신 것 같이 나도 너희를 사랑
하였으니 나의 사랑 안에 거하라
15:10 내가 아버지의 계명을 지켜 그의 사랑 안에 거하는
것 같이 너희도 내 계명을 지키면 내 사랑 안에 거하리라
15:16 너희가 나를 택한 것이 아니요 내가 너희를 택하여
세웠나니 이는 너희로 가서 열매를 맺게 하고 또 너희 열매
가 항상 있게 하여 내 이름으로 아버지께 무엇을 구하든지
다 받게 하려 함이라

위에 나오는 '머문다'라는 단어가 두 번만 제외하고 모두 장소를 나타내는 전치사 ~에, 그리고 뒤에 따라나오는 사람 혹은 사람의 어떤 것과 함께 사용된다. 다시 말해서, 누군가와 함께 연합하는 의미로서 '머문다' 혹은 '거하다'라는 이 동사가 사용된다. 이러한 연합은 요한복음 전체에 걸쳐 나타나는 상호 간의 관계, 상호 간의 거주를 말한다.

"내 안에 거하라 나도 너희 안에 거하리라"(15:4).

이 상호거주를 설명할 때도 항상 그 '본'은 아버지로부터 시작하여 예수님을 거쳐 제자들까지 연결된다. 이 비유에서 예수님은 아버지를 농부로 자신을 포도나무로 그리고 제자들을 가지로 비유하여서 이 연합이 항상 아버지를 포함하고 있음을 나타내신다. 아버지와 아들의 관계가 제자들에게까지 확장되고 더 나아가 제자들을 통해 세상에서 더 확장되는 것이 요한복음이 반복적으로 말하고 있는 주제이다.

한 가지 주목할 것은 이 연속적인 관계가 사랑에 의해 지속된다는 점이다. 앞서 세족식에서도 그것을 행하는 것이 서로를 사랑하고 그 사랑을 지속하는 의미로 소개되었다. 친밀한 관계는 사랑의 관계이다. 제자들은 예수님의 사랑 안에 거할 것과 서로 사랑할 것을 요청받는다.

"내가 이것을 너희에게 명함은 너희로 서로 사랑하게 하려 함이라"(15:17).

마지막으로 친밀하며 사랑하는 관계는 열매를 맺는 데까지 나아간다. 제자들의 사랑하는 사역을 통해 많은 열매를 맺는다. 친밀한 관계를 갖는 것이 열매를 맺기 위한 수단은 아니지만 예수님을 통해 하나님과 친밀한 관계를 맺지 않고 열매를 맺을 수 없다. 15 장 16 절에 '가서 열매를 맺게 하고'라는 말 때문에 마치 대위임령에 '가서 제자를 삼으라'는 선교 명령처럼 요한복음의 열매 맺기가 '가서 전도하라'라는 말로 축소될 위험이 있다. 우리 말로는 같은 '가다'이지만 요한복음의 '가서'는 영어의 'go'가 아니다. 요한복음에서는 '가라'는 직접적인 명령보다는 '보낸다'라는 말을 주로 사용한다. 이 구절에 사용된 '가서'는 뒤에 나오는 동사를 더 강조하는 의미를 가지고 있다. '가서 열매를 맺으라'는 말은 '열매를 더 많이 맺으라'는 강조 의미이다. 특이한 것은 친밀한 관계를 나타내는 '거주'가 아버지와 아들과 제자에게서 끝나는 것이 아니라 제자들을 통해 새롭게 맺어지는 열매도 해당한다는 점이다. 16 절에 '너희 열매가 항상 있게 하여'라는 말이 나오는데 '있게'라고 번역된 단어가 '거하다'는 말이다. 말하자면 '열매를 많이 맺고 그 열매가 붙어 있게 하라'는 말이다. 후에 예수님은 이렇게 기도하신다.

> "내가 비옵는 것은… 또 그들의 말로 말미암아 나를 믿는 사람들도 위함이니… 그들도 다 하나가 되어 우리 안에 있게 하사"(17:20-21).

세상이 미워하는 공동체

아버지로부터 시작하여 예수님을 거쳐 제자들과 그들을 통해 하나가 될 사람들까지 이어지는 선교적 연속성을 설명했다. 예수님은 이제 세상이라는 반대의 시각에서 설명하신다. 앞에 보여주었던 연속성이 사랑의 연속성이었다면 반대의 각도에서 보여주는 모습은 '미움'이다. 요한복음에 '미워하다'라는 말이 12 번 나오는데 그중 11 번의 주어가 '세상'이다. 이 세상은 아버지를 미워하고 예수 그리스도를 미워하며 제자 공동체를 미워한다. 7 번이 15 장의 강화에 집중적으로 사용되고 있다(15:18-25). 또 다른 단어는 '박해하다'는 말이다. '미워하다'와 거의 동의어로 사용되고 있다. 본문을 살펴보자(강조는 필자).

> 18 세상이 너희를 **미워하면** 너희보다 먼저 나를 **미워한** 줄을 알라 19 너희가 세상에 속하였으면 세상이 자기의 것을

사랑할 것이나 너희는 세상에 속한 자가 아니요 도리어 내가 너희를 세상에서 택하였기 때문에 세상이 너희를 미워하느니라 20 내가 너희에게 종이 주인보다 더 크지 못하다 한 말을 기억하라 사람들이 나를 박해하였은즉 너희도 박해할 것이요 내 말을 지켰은즉 너희 말도 지킬 것이라 23 나를 미워하는 자는 또 내 아버지를 미워하느니라 24 내가 아무도 못한 일을 그들 중에서 하지 아니하였더라면 그들에게 죄가 없었으려니와 지금은 그들이 나와 내 아버지를 보았고 또 미워하였도다 25 그러나 이는 그들의 율법에 기록된 바 그들이 이유 없이 나를 미워하였다 한 말을 응하게 하려 함이라

예수님은 제자들에게 세상이 그들을 미워할 것이라고 말씀하신다. 세상이 제자들을 미워하고 박해하는 이유는 근본적으로 어떤 행동이 아니라 소속감 때문이다. 제자들이 세상에 속하지 않고 예수 그리스도에게 속하였기에 세상이 미워한다고 말씀하신다. 그렇다면 세상이 제자들의 소속감 때문에 미워하는 이유는 무엇인가? '미워하다'라는 단어가 사용된 전반부 사역에 그 이유가 나타난다. 본문을 살펴보자(강조는 필자).

3:19-20 그 정죄는 이것이니 곧 빛이 세상에 왔으되 사람들이 자기 행위가 악하므로 빛보다 어둠을 더 사랑한 것이니라 악을 행하는 자마다 빛을 미워하여 빛으로 오지 아니하

나니 이는 그 행위가 드러날까 함이요
7:7 세상이 너희를 **미워하지** 아니하되 나를 **미워하나니** 이
는 내가 세상의 일들을 악하다고 증언함이라

하나님께서 세상을 사랑하여 독생자를 세상에 보내셨으나 세상은 그 아들을 미워하였다. 그 이유는 세상에 속한 자들의 행위가 악하여서 아들이 그 악함을 증언하였기 때문이다. 빛과 대비하여 악이 등장한다. 악하다는 것은 물론 악한 행위를 포함하지만 근본적으로 악한 속성에 있다. 마치 빛이 속성으로 인하여 지속적으로 빛을 발하듯이 악은 속성이 악하여 악을 지속적으로 발하며 따라서 지속적으로 그 행위가 악하다. 예수님은 빛이신 속성으로 인하여 악의 속성과 악의 행위를 지속적으로 드러내신다. 속성과 그에 따른 행위는 요한복음에서 분리하여 접근하지 않는다. 따라서 제자 공동체의 속성은 그들의 소속감에서 나오며 그 속성에서 행위가 나온다. 그 속성은 사랑이고 그 속성을 드러내는 행위를 세상에서 지속적으로 행하게 될 때 열매를 맺는 일과 박해받는 일을 동시에 경험하게 된다.

보혜사 성령

제자들에게 주신 마지막 강화에서 아주 특별한 주제는 성령에 대한 언급이다. 이 언급은 세족식 직후의 강화인 14장과 제자들에게 주시는 마지막 강화(15-16장)에 언급된다. 특별히 성령을 가리켜 '보혜사'(파라클레토스)라는 칭호를 사용하는데 이는 지지자, 변호자, 고취시키는 자 등의 의미를 가지고 있다. 요한복음에서 보혜사가 직접적으로 언급된 본문을 살펴보자(강조는 필자).

> 14:16-17 내가 아버지께 구하겠으니 그가 또 다른 <u>보혜사</u>를 너희에게 주사 영원토록 너희와 함께 있게 하리니 그는 진리의 영이라 세상은 능히 그를 받지 못하나니 이는 그를 보지도 못하고 알지도 못함이라 그러나 너희는 그를 아나니 그는 너희와 함께 거하심이요 또 너희 속에 계시겠음이라
> 14:26 <u>보혜사</u> 곧 아버지께서 내 이름으로 보내실 성령 그가 너희에게 모든 것을 가르치고 내가 너희에게 말한 모든 것을 생각나게 하리라
> 15:26-27 내가 아버지께로부터 너희에게 보낼 <u>보혜사</u> 곧 아버지께로부터 나오시는 진리의 성령이 오실 때에 그가 나를 증언하실 것이요 너희도 처음부터 나와 함께 있었으므로 증언하느니라
> 16:7 그러나 내가 너희에게 실상을 말하노니 내가 떠나가는

것이 너희에게 유익이라 내가 떠나가지 아니하면 **보혜사**가 너희에게로 오시지 아니할 것이요 가면 내가 그를 너희에게로 보내리니

예수님께서 성령을 약속하신 때는 자신은 떠날 것이고 제자들은 세상에 남아 예수님을 증언하게 될 상황 속에서 주어진 것이다. 제자들은 세상에서 자신들에게 주어진 사명을 수행해 갈 때 미움과 박해를 경험하게 될 것이다. 그러므로 요한복음에서 성령에 대한 언급은 선교적 상황에서 성령의 역할을 묘사한 것이다.

우선 선교에서 성령의 역할은 무엇인가? 성령이 예수님을 증언한다(15:26)는 말을 어떻게 이해해야 할까? 이 증언이 세상을 향한 것이라면 성령이 세상에서 제자들과 별도로 예수님을 증언한다는 말이 되고 만일 이 증언이 제자들에게 하는 것이라면 성령은 제자들을 향한 사역으로 한정되는 것인가?

성령의 증언은 세상에서 수행할 제자들의 사명과 분리해서 해석할 수 없다. 예수님은 성령을 제자들에게 보내시겠다고 약속하셨다.

"내가 아버지께로부터 너희에게 보낼 보혜사"(15:26).

따라서 성령이 예수님을 증언하신다는 말은 세상에서 수행할 제자들의 사명이라는 문맥 안에서 해석되어야 한다. 그렇게 보면 성령은 제자들을 배제하고 세상에서 독자적으로 예수님을 증언하는 것도 아니고 마찬가지로 제자들은 성령 없이 예수님에 대한 증언을 자신이 하는 것처럼 여겨서도 안 된다. 예수님은 성령 안에서 제자들을 세상에 보내시며 성령께서는 지속적으로 제자들과 함께 하면서 제자들이 바르게 증언하도록 돕고 이끄신다. 보혜사 성령께서 제자들에게 오시는 이유는 제자들에 한정하여 역사하신다는 뜻이 아니라 세상에 예수 그리스도를 증언하여 많은 사람들이 주님께 돌아오는 선교적 목적을 가지고 오셔서 제자들과 함께 동행하시고 역사하셔서 그 일을 이루시기 위함이다.

그렇다면 성령은 어떤 방식으로 제자들을 통해 세상에서 선교를 진행하시는가?

먼저 성령은 제자 공동체의 선교적 여정에 함께 하심으로 이 역사를 진행하신다. 아버지가 아들을 보내시고, 아들과 아버지가 성령을 제자 공동체에 보내시며, 아들은 제자 공동체를 세상에 보내신다. 성령은 제자 공동체를 세상에 보내시는 분이 아니라 제자 공동체와 함께하시는 분이다. 예수님은 성령께서 제자들에게 오셔서 함께 거하시며 그들 속에 계시겠다고 말씀하신다(14:17). 거하신다는 것은 일관된 주제로서 요한복음 첫 구절과 서론에서 본 것처럼 아버지와 아들이, 아들과 제자 공동체가 가졌던 동일한 관계적 특징을 보여준다. 성령은 '보혜사'로서 제자들과 친밀한 관계를 가지신다. 제자 공동체와 친밀한 관계를 가지시며 보혜사로서 그들을 지지하시고 격려하시고 응원하시는 역할이다.

하지만 보혜사로서 성령은 제자 공동체가 무엇을 하든지 응원하기 위해 함께 하시는 것이 아니라 '진리의 영'으로서 제자 공동체가 세상에 보내져 감당해야 할 증언 공동체로서의 사명을 감당하도록 응원하신다. 즉, 성령은 제자 공동체와 함께 동행하시며 그들을 가르치시고 예수 그리스도께서 알려 주신 진리를 기억나게 하시고 진리 안에 머물게 하심으로 제자들에게 예수 그리스도를 증언하신다. 성령께서 제자 공동체를 통해서 하실 사역을 다음과 같이 설명한다.

> "그가 와서 죄에 대하여, 의에 대하여, 심판에 대하여 세상을 책망하시리라 죄에 대하여라 함은 그들이 나를 믿지 아니함이요 의에 대하여라 함은 내가 아버지께로 가니 너희가 다시 나를 보지 못함이요 심판에 대하여라 함은 이 세상 임금이 심판을 받았음이라 내가 아직도 너희에게 이를 것이 많으나 지금은 너희가 감당하지 못하리라 그러나 진리의

성령이 오시면 그가 너희를 모든 진리 가운데로 인도하시리니"(16:8-13).

위에서 성령이 제자 공동체를 통해서 하실 사역에 대해 3가지의 주제를 언급한다. 죄, 의, 그리고 심판이다. 하지만 그 3가지는 전부가 아니라 몇 가지 예를 든 것이다. 더 많은 주제들이 있지만 제자들이 아직 감당할 수 없기에 후에 성령께서 모든 진리 가운데로 인도하실 것이라고 말씀하신다. 성령의 사역을 종합하면 세상에 보내어질 제자 공동체가 진리의 공동체가 되도록 역사하시는 일이다.

예수님의 선교적 기도

16장까지 강화를 마치신 예수님은 제자들을 위해서 아버지께 기도를 시작하신다. 17장은 예수님의 기도이다. 무엇을 기도하셨는지를 알기 위해 먼저 이 기도의 위치가 어디인지를 아는 것이 필요하다.

17장 서두는 이렇게 시작된다. "예수께서 이 말씀을 하시고 눈을 들어 하늘을 우러러 이르시되"(17:1). 앞의 강화 직후에 예수님의 기도가 시작되었음을 말해준다. 예수님의 기도는 앞의 강화에 대한 결론에 속한다. 16 장 끝부분에 제자들은 강화를 듣고 나서 이렇게 응답한다. "우리가 지금에야 주께서 모든 것을 아시고 또 사람의 물음을 기다리시지 않는 줄 아나이다 이로써 하나님께로부터 나오심을 우리가 믿사옵나이다"(16:30). 드디어 제자들이 '알고' '믿게' 되었다는 고백이다. 그러자 예수님은 이렇게 대답하신다. "이제는 너희가 믿느냐"(16:31). 예수님께서 제자들이 알게 되고 믿게 된 것을 진심으로 받으셨는지 확인하기 어렵지만 17 장 예수님의 기도를 보면 예수님은 제자들이 알고 믿은 것을 확증하신다.

> "나는 아버지께서 내게 주신 말씀들을 그들에게 주었사오며 그들은 이것을 받고 내가 아버지께로부터 나온 줄을 참으로 아오며 아버지께서 나를 보내신 줄도 믿었사옵나이다"(17:8).

비록 예수님의 기도가 예수님의 마지막 강화 후에 나왔지만 제자들이 알고 믿었다는 내용으로 미루어 볼 때 강화의 끝에 붙은 형식상의 결론이 아니라 예수님의 공생애 전체의 결론으로 인식해야 한다. 예수님의 기도는 예수님의 공생애 전체와 앞으로 맞이할 수난 사이에 위치한 결론이다. 예수님의 기도는 그의 공생애 전체에 대한 결론이며 특별히 제자 공동체를 세우러 오신 그의 사역에 대한 결론이다. 예수님은 그가 마쳐야 할 일을 마치셨고 드디어 수난을 맞이할 준비가 되셨다.

예수님의 기도는 예수님께서 그토록 기다려온 일이 무엇인지를 알 수 있는 중요한 내용이다. 특별히 제자들과 관련하여 무엇을 기다려오셨는지를 그리고 무엇을 완성하셨는지를 알려 주고 있다. 특히 아직 수난 전임에도 예수님은 기도에서 모든 것을 이루셨다는 말씀을 하고 계시고 이루셨기에 수난을 당할 준비가 되신 것으로 이해된다. 그 이루신 것이 예수님께서 해 오신 사역의 핵심임을 인식해야 한다. 이제 기도의 내용을 살펴보자.

예수님의 기도에서 말하는 성취

예수님은 세상에 오셔서 이루셔야 할 자신의 사역을 이루었다고 아버지께 말씀드린다.

> "아버지께서 내게 하라고 주신 일을 내가 이루어 아버지를 이 세상에서 영화롭게 하였사오니"(17:4).

수난을 앞둔 상황에서 예수님께서는 무엇을 '이루셨다'는 것일까? 이 물음에 답하기 위해서는 요한복음에서 '이루다'라는 뜻으로 사용된 두 동사, '텔레이오오'와 '텔레오'를 비교해 봐야 한다. 다음은 이 두 동사가 요한복음 안에서 사용된 경우이다 (강조는 필자).

(텔레이오오)

4:34 예수께서 이르시되 나의 양식은 나를 보내신 이의 뜻을 행하며 그의 일을 온전히 **이루는** 이것이니라

5:36 내게는 요한의 증거보다 더 큰 증거가 있으니 아버지께서 내게 주사 **이루게 하시는** 역사 곧 내가 하는 그 역사가 아버지께서 나를 보내신 것을 나를 위하여 증언하는 것이요

17:4 아버지께서 내게 하라고 주신 일을 내가 **이루어** 아버지를 이 세상에서 영화롭게 하였사오니

17:23 곧 내가 그들 안에 있고 아버지께서 내 안에 계시어 그들로 온전함을 **이루어** 하나가 되게 하려 함은 아버지께서 나를 보내신 것과 또 나를 사랑하심 같이 그들도 사랑하신 것을 세상으로 알게 하려 함이로소이다

19:28 그 후에 예수께서 모든 일이 이미 이루어진 줄 아시고 성경을 **응하게** 하려 하사 이르시되 내가 목마르다 하시니

(텔레오)

19:28 그 후에 예수께서 모든 일이 이미 **이루어진** 줄 아시고 성경을 응하게 하려 하사 이르시되 내가 목마르다 하시니

19:30 예수께서 신 포도주를 받으신 후에 이르시되 다 **이루었다** 하시고 머리를 숙이니 영혼이 떠나가시니라

일반적으로 보면 두 동사 모두 무엇이 완성된 것을 나타내는 동사이다. 하지만 요한복음 안에서 두 동사는 구별이 된다. 동사 '텔레오'는 십자가 위에서의 상황에서만 사용된다. 모든 것이 완성된 상태, 다 끝이 난 상황을 가리킨다. 반면 '텔레이오오'는 일의 완성에 강조가 있다. 특히 텔레이오오의 첫 3 번의 용례를 보면 '일'(에르곤)이라는 단어와 짝을 이루어 사용된다.[14] 제일 먼저 사마리아에서 제자들에게 하신 말씀, "그의 일을 온전히 이루는"(4:34)에서 예수님은 자신이 사마리아 여인을 만나는 일이 자신을 보내신 하나님의 뜻을 행하며 그 일을 이루는 것이라고 말씀하신다. 두 번째 사용인 "아버지께서 내게 주사 이루게 하시는 역사"(5:36)는 예수님께서 유대인들에게 하시는 말씀이다. 공생애를 통해서 하시는 사역이 자신이 이루어야 할 일이라는 뜻이다. 세 번째 '텔레이오오'의 사용은 예수님의 기도에 나타난다. 예수님은 아버지께서 주신 일을 이루었다고 말씀드린다(17:4).

예수님께서 '이루신' 것이 십자가의 죽음과 부활이라는 선입견을 제거하고 본문이 말하는 것을 유의하여 살펴보면, 아버지께 드리는 일종의 보고에서 예수님께서 이루었다고 말씀하시는 것은 예수님이 공생애 전체를 통해서 해 오신 모든 사역임을 알 수 있다.

> “세상 중에서 내게 주신 사람들에게 내가 아버지의 이름을 나타내었나이다”(17:6), “나는 아버지께서 내게 주신 말씀들을 그들에게 주었사오며 그들은 이것을 받고 내가 아버지께로부터 나온 줄을 참으로 아오며 아버지께서 나를 보내신 줄도 믿었사옵나이다”(17:8).

예수님께서 이루신 것은 앞서 본 것처럼, 유대인들과의 만남, 여러 개인들과의 만남, 제자 공동체를 세우신 것 등 그가 살아오신 모든 삶과 사역을 의미한다. 그럼에도 불구하고 모든 사역의 초점은 제자 공동체에게 하나님의 말씀을 주신 것이다. 아버지께서 자신에게 주신 사람들이 제자들만으로 한정할 수는 없지만 전하신 말씀을 그들이 믿었다는 이야기를 지금까지 살펴본 요한복음 전체의 이야기와 연관하여 볼 때 강조점은 제자 공동체에게 있다. 공생애 동안 함께 다니며 제자들에게 많은 것을 보여주시고 가르치신 예수님은 제자 공동체가 믿음의 공동체가 되기까지 기다리셨다. 제자들이 결론적으로 보여준 믿음의 고백(16:30)은 예수님께서 이루시고자 하신 사역의 이정표가 되어 이제 십자가를 지실 시간이 되었음을 확증해 주었다. 그들이 믿음의 공동체가 되지 않고는 예수님께서 십자가를 지실 수 없다. 왜냐하면 제자 공동체가 예수님께서 아버지께로 가신 후에 세상에 남겨져 증언 공동체로서 사역을 이어 가야 하기 때문이다. 예수님께서 이루신 것은 세상에 보낼 수 있는 믿음의 공동체인 제자 공동체이다.

아버지와 아들과 제자의 연결성

예수님께서 이루신 것이 믿음의 공동체인 제자 공동체의 형성이라는 점은 예수님의 간구를 통해서도 나타난다. 예수님의 간구는 기본적으로 제자 공동체를 위한 간구이다. 예수님의 간구는 세 부분으로 나누어진다. 먼저 자신을 위해 기도하신다 (17:1-5). 그리고 나서 제자 공동체를 위해 기도하신다 (17:6-19). 마지막으로 제자 공동체를 통해 오게 될 사람들을 포함한다(17:20-26). 이렇게 세 부분으로 나누어져 있지만 사실은 하나의 기도이며 그 하나의 기도는 제자 공동체를 위한 기도이다. 세 개의 간구가 하나로 연결되어 있다는 것은 앞서 요한복음의 특징 중 하나라고 설명한 ~ 같이(카토스)의 사용을 통해 드러난다. 이 단어는 기도에 8 번(17:2, 11,14, 16, 18, 21, 22, 23) 나온다. 그 사용을 살펴보면 다음과 같다(강조는 필자).

(예수님 자신을 위한 첫 번째 간구)

17:1-2 아버지여 때가 이르렀사오니 아들을 영화롭게 하사 아들로 아버지를 영화롭게 하게 하옵소서 아버지께서 아들

에게 주신 모든 사람에게 영생을 주게 <u>하시려고</u> 만민을 다스리는 권세를 아들에게 주셨음이로소이다

(제자 공동체를 위한 두 번째 간구)

17:11 우리와 <u>같이</u> 그들도 하나가 되게 하옵소서

17:14 내가 세상에 속하지 아니함 <u>같이</u> 그들도 세상에 속하지 아니함으로 인함이니이다

17:16 내가 세상에 속하지 아니함 <u>같이</u> 그들도 세상에 속하지 아니하였사옵나이다

17:18 아버지께서 나를 세상에 보내신 것 <u>같이</u> 나도 그들을 세상에 보내었고

(미래의 제자 공동체를 위한 세 번째 간구)

17:21 아버지여, 아버지께서 내 안에, 내가 아버지 안에 있는 것 <u>같이</u> 그들도 다 하나가 되어 우리 안에 있게 하사 세상으로 아버지께서 나를 보내신 것을 믿게 하옵소서

17:22 내게 주신 영광을 내가 그들에게 주었사오니 이는 우리가 하나가 된 것 <u>같이</u> 그들도 하나가 되게 하려 함이니이다

17:23 아버지께서 나를 보내신 것과 또 나를 사랑하심 <u>같이</u> 그들도 사랑하신 것을 세상으로 알게 하려 함이로소이다

첫 번째 간구는 아들이 아버지를 영화롭게 하도록 아들을 영화롭게 해 달라는 간구이다. 이 첫 번째 간구의 기초는 '카토

스'로 시작되는 문장, 즉 아들에게 주신 모든 사람에게 영생을 주시려고 만민을 다스리는 권세를 아들에게 주신 것이다. 형식은 예수님께서 자신을 위한 기도를 드리는 것 같으나 내용은 결국 아들에게 주신 자들인 제자들을 위한 기도이다. 이 기초를 바탕으로 두 번째 기도인 제자들을 위한 기도가 시작된다.

제자들을 위한 기도에서도 모든 기초는 '~같이'(카토스)가 제공한다. 아버지와 아들과 하나 됨이 기초이고(17:11) 아들이 세상에 속하지 않음이 기초이며(17:14, 16) 아버지가 아들을 세상에 보내심이 기초이다(17:18). 예수 그리스도와의 관계 및 예수 그리스도와 아버지와의 관계는 제자 공동체의 정체성과 제자 공동체가 행해야 할 모든 사역의 기초가 된다. 그것을 떠나서 제자 공동체가 존재하는 것이 아니다. 제자 공동체의 정체성과 사역은 아버지와 아들이 가진 거룩한 관계를 세상에서 반영해 내는 것이다. 세 번째 기도에서 이 영역이 확장된다. 제자 공동체를 통해 이루어질 미래의 공동체를 위해 기도하신다.

요한복음 17 장의 예수님의 기도는 아버지와 아들이 갖는 관계와 사역이 기초를 제공하고 초점은 제자 공동체이며 영역은 세상을 포함한다.

예수님의 선교적 간구

예수님의 기도는 비록 3 개의 간구의 형식을 띄고 있으나 하나의 기도이고 제자 공동체를 위한 기도에 초점을 맞추고 있다. 제자 공동체를 위한 기도는 배타적 기도가 아니라 세상을 포함하는 기도이다. 따라서 예수님의 기도는 선교적 기도이다. 선교적이라는 말은 이 기도가 전도적인 특징을 가지고 있다는 말이 아니다. 예수님은 자신의 기도가 '세상을 위함'이 아니라고 하신다(17:9). 선교를 전도와 동일시 하는 관점에서 보면 예수님의 기도는 선교적이 아니다. 예수님의 기도에 나타난 선교적 특징은 오히려 제자 공동체가 세상에서 가지는 선교적 정체성을 드러낸다. 예수님께서 무엇을 빌고 계시는지 살펴보자(강조는 필자).

> 17:9 내가 그들을 위하여 **비옵나니** 내가 **비옵는** 것은 세상을 위함이 아니요 내게 주신 자들을 위함이니이다 그들은 아버지의 것이로소이다
> 17:15 내가 **비옵는** 것은 그들을 세상에서 데려가시기를 위함이 아니요 다만 악에 빠지지 않게 보전하시기를 위함이니이다
> 17:20 내가 **비옵는** 것은 이 사람들만 위함이 아니요 또 그들의 말로 말미암아 나를 믿는 사람들도 위함이니

예수님께서 '내가 빕니다'(에로타오)라는 단어를 사용하신 용례들이다. 먼저 세상을 위해 비는 것이 아니라 예수님께 주신 자들, 즉 제자 공동체를 위한 기도이다. 하지만 제자 공동체를 위한 배타적인 기도는 아니다. 예수님은 제자들이 세상에 남겨지기 때문에 그들을 보전하시도록 기도하신다. 제자 공동체는 세상에 남겨지기 때문에 하나님의 보호가 필요하다. 하나님의 보호는 세상에서 따로 떨어져 아무것도 연결되지 않는 보전이 아니라 그들이 세상에 보내질 것이고 세상에서 악에 노출되기에 보전이 필요한 것이다. 세상으로 보내어진 이유는 제자 공동체를 통하여 주님을 믿는 자들이 있도록 하기 위함이다. 예수님은 앞서 유대인들에게 말씀하셨다.

> "이 우리에 들지 아니한 다른 양들이 내게 있어 내가 인도하여야 할 터이니 그들도 내 음성을 듣고 한 무리가 되어 한 목자에게 있으리라"(10:16).

예수님께서 세상에 오신 이유가 유대인만이 아니라 온 열방을 대상으로 한다는 사실을 말씀하셨고 이제 제자들에게 그것이 제자 공동체가 세상에서 감당할 사명에 의해 이루어질 것임을 말씀하고 계신다. 한가지 유의할 것은 제자들의 사역이 예수님께서 기도하신 초점은 아니라는 점이다. 제자들이 세상에 남겨져 사역을 감당할 것은 분명하고 그래서 그들을 보전해 달라고 기도하시지만 그들의 사역이 기도의 목적은 아니다. 기도의 목적은 뒤에 이어지는 구절들에 나타나는데 다음 장에서는 이를 살펴보려 한다.

연합 - 선교적 공동체의 핵심

십자가를 지시기 전에 예수님께서 이루신 것은 믿음의 공동체인 제자 공동체를 세우신 것이고 예수님의 기도는 세상에 남겨질 그리고 세상으로 보내어질 제자 공동체를 위한 기도임을 살펴보았다. 세상으로 보내어질 공동체는 '~같이'(카토스)로 소개된 거룩하신 하나님의 존재와 사역을 세상에서 반영하는 것임도 살펴보았다. 예수님의 기도가 제자 공동체를 향한 선교적 기도인데 선교적 기도란 제자 공동체가 세상에서 하게 될 사역이라는 관점만이 아니라 더 중요하게는 그들이 세상에서 무엇이 되어야 하는지, 즉 존재 혹은 수준과 관련되어 있다. 예수님의 기도가 무엇을 목적으로 하는지 본문을 살펴보자(강조는 필자).

> 17:20 <u>내가 비옵는 것은</u> 이 사람들만 위함이 아니요 또 그들의 말로 말미암아 나를 믿는 사람들도 위함이니
> 17:21 아버지여, 아버지께서 내 안에, 내가 아버지 안에 있

는 것 같이 그들도 다 하나가 **되어** 우리 안에 있게 **하사** 세상으로 아버지께서 나를 보내신 것을 **믿게 하옵소서**

예수님의 기도의 목적을 나타내는 위 본문은 "내가 비옵는 것은"(I pray)으로 시작한다. 우리말에는 잘 나타나 있지 않지만 기도의 목적을 말하고 있는 21 절에는 목적을 나타내는 3 개의 관계 대명사(히나)가 등장한다. 21 절에 '되어', '하사', '하옵소서'는 관계 대명사절로서 1) 하나가 되게 하기 위해서, 2) 우리 안에 있게 하기 위해서, 3) 세상이 믿게 하기 위해서로 번역할 수 있다.

예수님의 기도 목적은 제자 공동체가 하나 되는 것이다. 제자 공동체는 당대의 제자들과 그들을 통해 믿게 될 미래의 제자들을 포함한다. 그들이 하나가 되는 것이 선교의 수단이 아니라 목적이다. 그리고 그 하나 됨은 아버지와 아들의 하나 됨이 표본이다. 더 나아가 제자 공동체의 하나 됨은 아버지와 아들의 하나 됨을 단순히 따라 하는 것이 아니라 그 거룩한 연합에 참여하는 것이다. 아버지와 아들의 하나 됨 안에 제자 공동체도 참여하는 것이 목적이다.

예수님의 기도가 십자가를 앞둔 예수님의 전체 사역의 결론임을 생각할 때 처음 아버지와 아들의 친밀한 관계를 기초로 하여 시작된 요한복음은 결론에 와서 다시 그 태초의 관계로 인도한다. 기도에서 예수님은 '창세 전'을 언급하신다.

> "아버지여 창세 전에 내가 아버지와 함께 가졌던 영화로써"(17:5), "아버지여 내게 주신 자도 나 있는 곳에 나와 함께 있어 아버지께서 창세 전부터 나를 사랑하시므로 내게 주신 나의 영광을 그들로 보게 하시기를 원하옵나이다"(17:24).

태초에 아버지와 아들과 가졌던 친밀한 연합은 이제 제자 공동체가 참여해야 할 거룩한 관계로 확장된다.

이 연합은 세상이 믿는 데까지 확장된다. 예수님은 세상을 위해 기도하는 것도 아니고 제자 공동체의 사역을 위해서 기도하는 것도 아니다. 예수님의 기도는 제자 공동체의 연합과 그 공동체가 거룩한 공동체에 참여하는 것을 기도하시며 그 연합이 바로 세상이 믿게 되는 선교적 연합임을 말씀하신다. 제자들의 연합과 세상을 향한 사역은 둘로 나눌 수 있는 것이 아니다. 연합하여 선교하는 것이 아니라 연합이라는 속성이 곧 세상에서 예수님을 드러내는 사역 자체이다.

후반부 요약과 선교적 함의

후반부는 전반부에서 제자들과 함께 다니며 보이시고 가르치신 모든 것들을 종합하는 시간이었다. 예수님의 세족식, 예수님의 강화, 예수님의 기도로 이어지는 후반부는 소수의 제자들만을 대상으로 하면서 요한복음의 핵심 주제가 제자 공동체의 형성에 있음을 보여주었다. 후반부의 내용은 제자 공동체가 세상에 파송되기 전에 어떤 공동체여야 하는지를 말하고 있으며 이 내용은 곧 선교적 공동체의 특징이다.

제일 먼저 세족식은 표적-강화의 형식을 그대로 따르면서 제자들에게 주시는 중요한 선교적 표적이 된다. 세족은 일차적으로는 사랑의 행위로써 자신을 낮추는 지위의 변화로 시작한다. 예수 그리스도가 제자들에게만 독점적으로 보여주는 최고의 표적이 세상에서 가장 천한 행동이라는 사실은 선교적 공동체인 제자 공동체가 서로에게 그리고 세상에서 어떤 정체성을 가지고 존재해야 하는지를 보여준다. 세족은 단순한 행동이 아니라 예수님과 지속적인 관계를 맺는 속성으로 이해되어야 하며 지속적인 관계를 통해 열매를 맺는 선교적 속성이다.

예수님께 속했다는 정체성과 속성으로 인해 제자 공동체는 세상에서 핍박을 받게 될 것이고 이는 선교적 공동체가 겪어야 할 피할 수 없는 일이다. 따라서 예수님은 자신의 공생애에도 함께 하신 성령을 제자 공동체에게 보혜사, 즉 함께 하시며 인도하시고 돕는 이로 보내실 것이다. 성령은 제자 공동체가 지속적으로 그리스도와 연합하고 이를 통해 성삼위 하나님과 연합하도록 진리 가운데 인도하실 것이며 성삼위 하나님과의 하나 됨은 곧 세상에서 하나님을 드러내는 열매를 맺게 된다.

제자 공동체가 믿음의 공동체로 형성된 것을 확인하신 예수님은 자신이 세상에 오셔서 이루셔야 할 것을 이루셨다고 말씀하신다. 예수님의 기도에 나타난 성취는 제자 공동체의 형성이다. 이 성취는 이들을 세상에 파송하기에 앞서 자신이 구속의 메시아로서 고난을 당할 준비가 되셨음을 아버지께 고하는 것이다. 예수님은 기도에서 제자 공동체가 핵심인 것을 분명히 드러내시되 제자들만을 위한 것이 아니라 그들을 통해 믿게 될 모든 자를 포함하신다. 예수님은 이제 자신이 걸어가야 할 마지막 길을 가신다.

5

완성과 파송

숨을 내쉬며 이르시되
성령을 받으라

요한복음 20장 22절

5

완성과 파송

결론(18:1-21:25)

결론 부분에서 살펴볼 내용

후반부(13-17 장)에서 사랑하는 제자들과 별도의 시간을 가진 예수님은 아버지께 드리는 기도를 끝으로 자리에서 일어나 십자가를 향한 마지막 길을 가신다. 이제 요한복음의 마지막 부분인 5 부에서는 십자가와 부활 그리고 부활 후의 사건들이 소개된다. 5 부에서는 3 가지를 살펴보려고 한다.

먼저, 십자가에서 "다 이루셨다"(19:30)고 말씀하신 그 완성의 의미를 파악해 볼 것이다. 이 완성이 예수님의 이전 사역과 어떤 점에서 연관되는지 그리고 이 완성이 세상에 남겨진 혹은 보내어진 제자 공동체를 위해 무엇을 새롭게 시작하고 있는지 살펴볼 것이다.

둘째로, 복음서가 기록된 목적을 살펴볼 것이다. 요한은 기록의 목적을 다음과 같이 말하고 있다.

> "오직 이것을 기록함은 너희로 예수께서 하나님의 아들 그리스도이심을 믿게 하려 함이요 또 너희로 믿고 그 이름을 힘입어 생명을 얻게 하려 함이니라"(20:31).

이 목적을 요한복음 말미에 밝히고 있다는 것은 문장에 나오는 몇몇 단어가 아니라 요한복음 전체적인 맥락에서 이 목적을 이해해야 함을 의미한다.

마지막으로, 요한복음의 마지막 장인 21 장이 어떤 역할을 하는지 살펴볼 것이다. 요한복음이 20 장 31 절로 사실상 끝났다고 말하는 일부의 주장에 동의하지 않는다. 마지막 장의 역할을 보기 위해 마지막 이야기에 등장하는 두 제자를 살펴볼 것이다.

십자가와 부활에 나타난 예수님과 제자들

십자가에서 이루신 것

요한복음에서 '이루다'라는 뜻을 가진 두개의 동사를 앞서 논의했다. '텔레이오오'와 '텔레오'라는 동사이다. 일반적으로 볼 때 두 동사는 비슷한 의미를 가지고 있지만 요한복음 안에서 이 동사들이 어떻게 사용되었는지 앞서 살펴보았다. 십자가 상에서 사용하신 '다 이루었다'의 동사는 '텔레오'이며 이것은 모든 것이 이루어진 상태를 표현한다. 모든 것이란 요한복음 안에서 '텔레이오오'가 사용된 두 가지, 즉 제자 공동체를 믿음의 공동체로 형성한 것과 성경에 예언된 것이 성취된 것을 말한다.

예수 그리스도에 대해 예언된 성경의 내용이 성취된 것은 구속적인 메시아의 성취이고 제자 공동체를 형성하신 것은 선교적 메시아의 성취이므로 예수님께서 십자가에서 '다 이루신 것'은 구속적이며 선교적인 성취를 모두 포함한다. 이는 예수님의 수난 이야기에서 유월절 양과 왕의 모습을 통해서도 드러난다.

먼저, 예수님은 구속적인 그리스도이시다. 요한복음 서두에 이미 예수님은 증언자 요한을 통해 "세상 죄를 지고 가는 하나님의 어린 양"(1:29)으로 소개되었다. 요한복음 전체에 걸쳐 예수님의 사역은 최소한 3 번의 유월절 이야기 안에서 소개되었다(2:13; 6:4; 13:1). 마지막 이야기에서도 예수님은 구속의 희생양으로 연결된다. 예수님의 십자가 사건에서 "그 뼈가 하나도 꺾이지 아니하리라 한 성경을 응하게 하려 함이라"(19:36)라고 구약을 인용한 것은 유월절을 제정하실 때 "뼈도 꺾지 말지며"(출 12:46)라고 하신 말씀을 인용한 것이다. 또한 "우슬초"(19:29) 역시 "우슬초 묶음을 가져다가 그릇에 담은 피에 적셔서 그 피를 문 인방과 좌우 설주에 뿌리고"(출 12:22)라고 하신 유월절 규정에 연결된다. 또한 예수님께서 십자가에서 돌아가신 날을 "유월절의 준비일"(19:14, 31, 42)이라고 반복해서 말하고 있는 점도 유월절을 위해 양을 도살하는 것과 예수님을 연결하고 있다. 이와 같이 예수님은 유월절 양이 그림자로 보여주는 구속적인 메시아이다.

두 번째로, 예수님은 선교적인 그리스도이시다. 선교적인 그리스도란 예수님께서 공생애를 통해 제자 공동체를 형성한 것이다. 이 제자 공동체는 예수님의 승천 후에 세상에 남아 선교적 공동체로서 성령 안에서 지속될 것이다. 예수님의 수난 이야기에서 선교적 그리스도는 왕과 왕국이라는 단어에 의해 확인된다. 다른 복음서와 달리 요한복음에서 예수님은 자신이 왕임을 밝히 드러내신다. 다음 대화는 예수님과 빌라도의 대화이다.

18:33 네가 유대인의 왕이냐
18:34 예수께서 대답하시되 이는 네가 스스로 하는 말이냐
다른 사람들이 나에 대하여 네게 한 말이냐
18:35 빌라도가 대답하되 내가 유대인이냐 네 나라 사람과
대제사장들이 너를 내게 넘겼으니 네가 무엇을 하였느냐
18:36 예수께서 대답하시되 내 나라는 이 세상에 속한 것이
아니니라 만일 내 나라가 이 세상에 속한 것이었더라면 내
종들이 싸워 나로 유대인들에게 넘겨지지 않게 하였으리라
이제 내 나라는 여기에 속한 것이 아니니라
18:37 빌라도가 이르되 그러면 네가 왕이 아니냐 예수께서
대답하시되 네 말과 같이 내가 왕이니라 내가 이를 위하여
태어났으며 이를 위하여 세상에 왔나니 곧 진리에 대하여
증언하려 함이로라 무릇 진리에 속한 자는 내 음성을 듣느
니라 하신대

37 절에서 예수님은 빌라도의 말을 확인하시며 "내가 왕이니라"고 말씀하신다. 이어서 두 번 강조하며 '이를 위하여' 태어났고 세상에 오셨다고 말씀하신다. 예수님은 십자가를 앞에

두시고 왕으로서 그의 나라가 확장될 것을 오히려 기대하신다. 그 기대는 진리를 증언하는 것이며 그 일은 성령의 도우심으로 세상에서 진리를 증언할 제자 공동체를 세우셨기에 가능하다. 그러므로 십자가에서 다 이루신 것은 바로 성경에 예언된 '그리스도의 구속적인 사명'(redemptive Christ)이 성취됨과 동시에 제자 공동체를 세워 왕국의 확장을 바라시는 '그리스도의 선교적 사명'(missional Christ)이 성취된 것이다.

새로운 선교적 공동체의 출범

예수님께서 십자가에 죽으시고 부활하심으로 만민을 위한 구원이 성취되었고 그 구원의 복음이 온 세상 가운데 증거되어 최종 완성을 향하기 위해 제자 공동체가 형성되었다. 제자 공동체는 새로운 선교적 공동체며 이 공동체를 세우기 위해 예수님은 공생애 전체에 걸쳐 제자들과 함께 다니며 선교적 공동체로 부름받은 유대 공동체의 오류가 무엇인지 그리고 새롭게 형성될 선교적 공동체의 특질이 무엇인지를 보여주셨다. 이 기간은 제자 공동체를 빚어가는 시간이었다. 십자가와 부활을 통해 예수님은 아버지께서 돌아가시기 전에 이루실 것을 모두 이루셨으며 이제 제자 공동체를 선교적 공동체로 출범시킬 일만 앞두고 있다. 부활 후의 이야기는 제자 공동체의 출범이 가진 의미를 보여준다.

먼저, 부활 후의 이야기는 '안식 후 첫날'(20:1)로 시작된다. 이 말은 한 주의 첫날이라는 의미이다. 4 복음서 모두 이렇게 시작하기 때문에 요한만이 특별하게 사용한 것은 아니다. 그런데도 요한복음에서 이 표현을 사용했다는 것은 주목해 볼 필요가 있다. 요한복음에서는 예수님께서 사역하시고 말씀하신 것이 십자가와 부활을 통해 이루어졌음을 보여주는 것이 중요하다. 따라서 첫 유월절 때 예수님께서 "너희가 이 성전을 헐라 내가 사흘 동안에 일으키리라"(2:19)라고 말씀하셨고 요한의 설명에 의하면 "예수는 성전된 자기 육체를 가리켜 말씀하신 것"(2:21)이며 "죽은 자 가운데서 살아나신 후에야 제자들이 이 말씀하신 것을 기억하고 성경과 예수께서 하신 말씀을 믿었더라"(2:22)고 기록했으므로 이를 완성하기 위해서라면 요한은 '안식 후 첫날'이라는 표현보다 바울이 사용한 "성경대로 사흘 만에 다시 살아나사"(고전 15:4)라는 표현이 더 적절해 보인다. 그럼에도 불구하고 '안식 후 첫날'이라는 표현을 사용한 것은 카슨(Carson)의 말처럼 예수님의 부활이 무엇인가 새로운 출발이라는 것을 보여주려는 의도로 보인다.[15] 요한은 '안식 후 첫날'이라는 표현을 다시 한번 사용(20:19)하면서 새로운 이야기, 즉 부활 후에 예수님께서 제자 공동체와 첫 대면하는 이야기를 시작한다.

한 주의 첫날은 요한복음에서 처음부터 나타난 창조 이야기와 맥을 같이한다. 첫 창조가 말씀이신 그리스도를 통해 창조되었고 이제 재창조이며 새로운 창조인 제자 공동체의 창조가 또다시 예수 그리스도를 통해 이루어지고 있다는 사실을 말해준다. 이것은 완성이자 시작인데 완성이라는 것은 하나님께서 사람을 흙으로 빚고 생기를 불어넣어 생령이 되게 하셨다는 의미에서 완성이고 생령이 된 사람의 입장에서는 시작이다. 마찬가지로 예수님께서 부활 후 새로운 한주가 시작되는 첫날, 그리고 하루가 시작되는 저녁에 제자 공동체를 찾아오신 것은 첫 창조를 연상하게 한다.

예수님은 제자 공동체에 숨을 불어넣으신다. "그들을 향하사 숨을 내쉬며 이르시되 성령을 받으라"(20:22). 요한은 여기서 '숨을 내쉬다'(엠푸사오)라는 단어를 사용한다. 이런 단어를 단발어(하팍스 레고메논)라고 부르는데 단 한 번만 사용되었다는 뜻이다. 요한복음이 아니라 신약 성경 전체 중에 단 한 번 사용되었고 구약 성경의 헬라어 번역인 70 인역에서 창세기의 창조(2:7)에서 사용한 단어와 같은 단어이며 에스겔서에서 마른 뼈들을 살려내실 때 사용한 단어이다(겔 37:9). 요한이 의도를 가지고 사용했다는 것을 충분히 짐작할 수 있다.

요한복음에서 구약의 사건과 연결하기 위해 특별한 단어를 사용하는 경우가 여러 번 있다. 장막을(출 25:8-9) 표현하는 '거하다'(스케노우, 1:14), 야곱의 사다리(창 28:12)를 연상케 하는 '오르락 내리락'(1:51), 돌판(출 31:18)을 연상케 하는 '손가락'(8:5) 등이다.

제자 공동체에게 숨을 불어넣으신 것은 창세기와 관련하여 새로운 창조이며 에스겔서와 관련하여 볼 때는 회복이다. 선교적 공동체가 창조되었고 이제 이 공동체는 하나님께서 첫 공동체인 아담과 하와와 맺으시려 했던 친밀한 관계를 시작하는 공동체이며 동시에 선교적 공동체로서 유대인 공동체에 기대했으나 미치지 못한 사명을 회복하는 공동체라는 정체성을 가지고 있다. 이 부분에 대해서는 6부에서 좀 더 살펴볼 것이다.

거룩한 영과 보혜사 성령

예수님은 앞서 '보혜사' 성령을 제자들에게 약속하셨다. 따라서 부활 후에 제자들에게 '성령을 받으라'고 하시면서 '보혜사'(파라클레토스) 대신 '거룩한 영'(프뉴마 하기온)이라고 하신 것은 다소 의아하다. 성령을 받으라고 하신 이 부분을 요한복음의 오순절이라고 부르기도 하는데 사도행전의 오순절 성령 사건과 관련하여 여러 다양한 의견들이 있다. 그 두 사건을 바르게 이해하기 위해서는 요한복음 안에서 거룩한 영, 즉 성령과 보혜사 성령은 어떤 구별이 있는지 이해하는 것이 필요하다.

'거룩한'이라는 형용사가 요한복음에서 5 번 사용되는데 모두 아버지, 아들, 성령에게 사용된다(1:33; 6:69; 14:26; 17:11; 20:22). 따라서 '거룩한 영'은 성령을 뜻한다. 보혜사 성령은 제자들의 선교적 사명을 위해 특별하게 언급하신 용어로써 거룩한 영, 즉 성령을 소개하는 하나의 용어이다. 성령(프뉴마)이라는 용어는 요한복음에서 24 번 사용된다. 그중 4 번이 보혜사 성령과 관련되며 예수님께서 소수의 제자들과 말씀하실 때만 나타난다(14:17, 26; 15:26; 16:13). 예수님께서 이 세상을 떠나시고 나서 세상에 남겨진 제자들이 사명을 감당하는 것과 관련해서만 '보혜사 성령'이라는 용어가 사용된다.

제자들과 관련하여 다른 두 곳에서 '성령'(프뉴마)이 등장한다. "성령을 받으라"(20:22)에 등장하며 "이는 그를 믿는 자들이 받을 성령을 가리켜 말씀하신 것이라(예수께서 아직 영광을 받지 않으셨으므로 성령이 아직 그들에게 계시지 아니하시더라)"(7:39)에 등장한다. 그 외 17 번의 사용은 예수님과 관련(6

번), 세례, 거듭남(3 번), 예배, 생명 등에 등장한다. 요한복음에서 사용되는 '성령'의 용례를 살펴본 결과 요한복음에서 일반적으로 특별한 역할을 언급하지 않고 성령을 나타낼 때는 '프뉴마'를 사용하였다.

예수님께서 자신이 떠나신 후에 세상에서 제자들이 사명을 감당하게 되며 이를 위해 성령의 역할을 소개할 때는 '보혜사 성령'(파라클레토스)이라는 용어가 사용되었다. 따라서 "숨을 내쉬며 이르시되 성령을 받으라"(20:22)에서는 그들의 선교적 사명을 포함하되 역할을 강조하기보다 제자 공동체가 새롭게 창조되었음을 강조한다.

요한복음의 성령 사건과 사도행전의 오순절 성령 사건은 연속적인 사건이되 두 번의 다른 특성을 지닌 성령이 역사하셨다기보다는 요한복음에서는 부활 후에 소수의 제자들에게 나타나셔서 제자 공동체가 창조되었음을 예수님께서 선포하신 것이며 사도행전에서는 예수님이 떠나시고 선교적 공동체인 제자 공동체가 확장되는 것을 보여주는 사건이다.

명절 중심으로 진행된 요한복음에서는 성령 사건이 유월절 기간의 안식 후 첫날에 기념하는 초실절에 일어났으며 초실절은 '잠자는 자들의 첫 열매'(고전 15:20)가 되신 예수님의 부활을 상징하는 절기이다. 예수님의 부활과 더불어 제자 공동체가 새롭게 창조되고 선교 공동체로 시작됨을 선포하는 특징을 가진다. 반면 사도행전에서는 추수의 첫 열매를 가져오는 오순절에 일어났으며 제자 공동체의 선교적 확장에 더 초점이 있다.

제자 공동체를 창조한 목적

부활 후에 나타나는 새로운 창조의 이야기, 즉 제자 공동체를 살아 있는 공동체로 출범시키는 이야기에서 몇 가지 주목해야 할 주제들이 있다.

먼저, 예수님은 이 창조의 목적을 드러낸다. 예수님께 앞서 17 장의 기도에서 이렇게 말씀을 하셨다.

> "아버지께서 나를 세상에 보내신 것 같이 나도 그들을 세상에 보내었고"(17:18).

이제 제자들에게 처음으로 직접 말씀하신다. "아버지께서 나를 보내신 것 같이 나도 너희를 보내노라"(20:21). 예수님께서 제자 공동체를 창조하신 것은 아버지가 자신을 보내신 것 같이 그들을 세상에 보내기 위해서이다. 여기서도 '~같이'(카토스) '~도'(카이)라는 요한복음의 특징이 반복되는데 이는 단순히 아버지가 나를 보냈으니 나도 너희를 보낸다는 말이 아니라 아버지가 자신을 보낸 방식 그대로 제자들을 세상에 보낸다는 의미이다. 공생애 전체에 걸쳐 예수님은 아버지가 자신을 보낸 방식을 제자들이 알도록 하셨다. 그것은 아버지와 아들이 맺고 있는 친밀한 관계, 즉 하나 됨에서 출발하여 아버지의 뜻을 세상에서 살아내신 것같이 제자들과도 깊은 관계를 맺으며 가지가 나무에 붙어 있어야 하고 그렇게 될 때 많은 열매를 맺게 됨을 모든 사역과 삶을 통해 알려 주셨다.

두 번째로, 새로운 창조 이야기는 새롭게 창조된 제자 공동체가 감당하게 될 선교적 역할을 소개한다.

> "너희가 누구의 죄든지 사하면 사하여질 것이요 누구의 죄든지 그대로 두면 그대로 있으리라 하시니라"(20:23).

제자들이 세상으로 파송되어 예수님을 증언하는 선교적 공동체가 될 것은 알고 있는 사실이지만 이처럼 구체적으로 언급된 적은 없었다. 따라서 이 구체적인 언급은 매우 의도적이며 주목해야 할 의미를 가지고 있다. 다른 복음서들에 의하면 유대인들은 오직 하나님만이 죄를 사하는 권세가 있는 것으로 이해하고 있었다(마 9:3; 막 2:7; 눅 5:21). 따라서 예수님은 정체성을 드러내기 위해서 자신도 죄를 사하는 권세가 있다고 말씀하셨다(마 9:6; 막 2:10; 눅 5:24). 공관복음 어디에도 제자들에게 죄를 사하는 권세를 주셨다는 언급이 없다. 요한복음에만 언급되는 이 구체적인 역할은 요한복음이 말하는 제자 공동체의 선교적 특징과 역할의 독특성을 보여준다. 요한복음에서 제자들은 놀라운 일을 볼 것이 예정되었고(1:50), 실제로 예수님은 수많은 놀라운 일들을 제자들 앞에서 행하셨으며(20:30), 마침내 제자 공동체는 믿음의 공동체가 되었다(17:8). 예수님은 제자들에게 말씀하셨다.

> "내가 진실로 진실로 너희에게 이르노니 나를 믿는 자는 내가 하는 일을 그도 할 것이요 또한 그보다 큰 일도 하리니 이는 내가 아버지께로 감이라"(14:12).

죄를 사하는 권세를 제자 공동체에게 부여한다는 것은 너무나 놀라운 선언이다. 하지만 이것은 공생애 전체를 통해 진행되어 온 전체적인 맥락과 상관없이 이해한다면 위험하다. 예수님의 권세는 아버지와 맺고 있는 관계에 근거를 두고 있고 그 관계에 기반하여 아버지의 뜻을 이루셨다. 그와 같이(카토스) 예수님은 동일하게 제자들과 관계를 맺어 오셨으며 그 관계를 기반으로 자신이 감당했던 선교적 사역을 제자들이 지속한다는 면에서 이 놀라운 권세를 부여하신다. 요한복음에서 제자들에게 부여된 선교적 사명은 항상 성삼위 하나님과 갖는 관계에 기반한다.

요한복음 기록의 선교적 목적

기록의 이유

십자가와 부활의 이야기를 마치고 요한은 왜 요한복음을 기록했는지 밝히고 있다.

> "예수께서 제자들 앞에서 이 책에 기록되지 아니한 다른 표적도 많이 행하셨으나 오직 이것을 기록함은 너희로 예수께서 하나님의 아들 그리스도이심을 믿게 하려 함이요 또 너희로 믿고 그 이름을 힘입어 생명을 얻게 하려 함이니라"(20:30-31).

'너희'라고 표현된 독자들이 믿고 생명을 얻게 하는 것이라고 말한다. 관련하여 몇 가지 질문이 생긴다. '너희', 즉 독자는 누구인가? 믿는 사람들인가? 아니면 아직 믿음을 갖지 못한 사람들인가? 여기서 말하는 '믿는다'는 것은 어떤 의미인가? 이러한 질문에 답하기 위해 여러 시도들이 있었다.

먼저, '믿는다'라는 동사의 시제에서 답을 찾으려고 하였다. 동사의 시제가 과거형이면 믿는다는 것이 일회적 사건이기 때문에 아직 믿지 않는 사람들을 대상으로 기록한 것이고 동사가 현재형이라면 이미 믿은 사람들이 계속해서 믿도록 하는 것이기 때문에 믿는 사람들을 대상으로 기록한 것이라고 주장한다.[16] 문제는 사본에 따라 두 시제가 모두 나타나기 때문에 어느 하나로 특정하기 어렵다. 설령 특정 한다고 해도 그 시제 하나로 기록의 목적까지 확대해서 해석하는 것은 무리다. 요한복음 전체를 읽고 나서 기록의 목적을 동사의 시제 하나에 모두 의존하는 것은 지나치게 분석적인 방식이다. 그보다는 전체의 내용에 기반하여 기록의 목적을 헤아려야 한다.

또 다른 시도는 동사의 시제가 아니라 좀 더 넓혀 문장의 비교를 통해 파악해 보려는 것이다. 이것은 '하려 함이요'라는 목적절을 어떻게 이해하는가에 달려 있다.

카슨(Carson 1991, 662)은 그 목적절, 즉 '예수께서 하나님의 아들 그리스도이심을 믿게 하려 함이요'를 '하나님의 아들 그리스도가 예수이심을 믿게 하려 함이요'라고 번역해야 맞다고 주장한다. 이 경우 독자는 그리스도에 대한 개념을 이미 알고 있고 그리스도가 과연 누구인지를 기대하고 있는 사람들이 되기 때문에 '예수를 믿지 않는 유대인들'이 대상이 된다.

하지만 이 역시 마찬가지 이유로 받아들이기 어렵다. 요한은 무수한 이야기 중에 선택하여 요한복음을 기록했다. 그렇다면 전체 내용과 문맥의 관점에 기록의 목적을 해석해야 마땅하다.

하나의 문장은 전체 복음서의 일부이지 독립적으로 존재하는 것이 아니다. 요한복음에서 믿는다는 말은 표적과 연관하여 사용되므로 표적, 제자, 믿음 등과의 관련성을 파악하여 믿는다는 의미를 이해하는 것이 필요하다.

제자들 앞에서 행하신 표적

기록의 목적을 밝히는 문장(20:30-31)은 두 부분으로 나누어진다. 하나는 예수님께서 제자들 앞에서 많은 표적을 행하셨다는 것이고 다른 하나는 요한이 그중에서 일부를 선택하여 독자들이 읽고 믿도록 기록했다는 것이다. 앞부분에 대한 이해를 바탕으로 뒷부분의 기록 목적을 이해할 수 있다. 즉, '표적'과 제자들 앞에서'라는 표현이 지닌 의미를 제대로 파악해야 믿도록 기록했다는 내용과 어떻게 연결되는지 이해할 수 있기 때문이다.

'표적'(세메이온)이라는 단어는 요한복음에 17 번 사용되는데 살펴보고 있는 기록 목적 외에는 모두 전반부(2-12 장)에서 사용된다. 이런 이유로 '표적'이라고 하면 전반부에만 해당하는 것으로 이해하기 쉽다. 하지만 만일 표적이 전반부에만 해당한다면 후반부를 포함한 마지막 부분에서 이 단어를 다시 사용한 것을 설명하기 어렵다. 전반부를 마치면서 요한은 이미 결론을 기록한 바 있다.

> "이렇게 많은 표적을 그들 앞에서 행하셨으나 그를 믿지 아니하니"(12:37).

이러한 문제를 해결하기 위해 심지어 기록 목적을 설명한 마지막 문장을 이 앞에 두어야 한다고 말하는 문서비평의 주장도 있다. 주어진 말씀의 뜻을 헤아리기보다 주장에 맞춰 성경을 편집하려는 오류이다.

후반부 결론에 표적이라는 단어가 다시 사용된 것은 전반부의 결론과 후반부의 결론을 비교하게 한다. 전반부의 결론은 군중과 유대인들이 그 앞에서 표적을 행했음에도 믿지 않았다는 결론이고 후반부의 결론은 제자들이 믿었고 읽는 자들이 같은 결론에 이르기를 기대한다는 말씀이다. 제자들의 믿음은 예수님께서 여러 표적을 행하신 전반부 사역 직후에 온 것이 아니라 그들과 가진 후반부의 시간을 포함하여 예수님의 전체 사역의 결론으로 온 것이다. 따라서 많은 표적 중에서 선택하여 기록했다며 밝힌 기록의 목적은 전반부에 일어난 몇몇 표적을 보고 믿으라는 말이 아니라 예수님의 모든 삶과 사역을 보고 믿으라는 말이다.

따라서 요한이 마지막 기록 목적에서 사용하고 있는 표적이라는 말은 전반부의 놀라운 이적이 아니라 예수님의 전 생애를 통해 보여주신 삶과 사역을 말하는 것이다.

전반부 결론에서 그들(군중과 유대인들) 앞에서 행했다고 했던 표적을 마지막 문장에서는 제자들 앞에서 행한 표적이라고 말한다. 이 말은 예수님께서 행하신 많은 표적이 군중과 유대인들 앞에서 한 것이 별도로 있고 제자들 앞에서 행한 것이 별도로 있다는 뜻이 아니라 군중과 유대인들 앞에서 행한 것과 제자들에게 독점적으로 행하신 것 모두는 제자들을 선교적 공동체로 세워나가시는 과정이었음을 뜻한다. 이는 전반부에서 유대인들과 논쟁하시고 여러 주변부 사람들을 만나신 것들이 제자 공동체에게 새로운 선교 공동체가 범하지 말아야 할 오류들과 새롭게 세워야 할 선교적 특질들을 보여주신 것이라고 보았던 전반부의 선교적 읽기와 일맥상통한다.

따라서 기록 목적을 보여주는 '믿음'에 대한 기록은 제자 공동체가 예수님과 함께 지내 온 전 과정을 포함하는 말씀이다. 이제 '믿음'이라는 말을 살펴보자.

선교를 포함하는 믿음

'믿는다'는 말은 요한복음을 기록한 목적을 이해하는 데 가장 중요한 단어 가운데 하나이다. 거의 각 장에 이 단어가 사용되며 요한복음에 총 98 번 사용된다. '믿음'이라는 명사가 아니라 항상 '믿는다'는 동사 형태로 사용된다. 이 책에서 요한복음을 4 부분으로 나누었는데 각 부분마다 이 동사가 어떻게 사용되었는지 살펴보자.

먼저, 성육신 전에 이 동사는 두 번 사용된다.

> "그가 증언하러 왔으니 곧 빛에 대하여 증언하고 모든 사람이 자기로 말미암아 믿게 하려 함이라"(1:7). "영접하는 자 곧 그 이름을 믿는 자들에게는 하나님의 자녀가 되는 권세를 주셨으니"(1:12).

하나님은 모든 사람이 예수 그리스도를 믿기 바라시며 그들을 자녀 삼으실 것이다. 그 과정에서 증언자가 필요하다. 증언자 요한이 그 역할을 감당한다. 그런데 결론과도 같은 예수님의 기도에서 변화가 일어난다. 기도에는 이 동사가 3 번 나타난다.

"아버지께서 나를 보내신 줄도 믿었사옵나이다"(17:8). "내가 비옵는 것은 이 사람들만 위함이 아니요 또 그들의 말로 말미암아 나를 믿는 사람들도 위함이니"(17:20). "세상으로 아버지께서 나를 보내신 것을 믿게 하옵소서"(17:21).

비교하면 '모든'은 '세상'으로, '증언자 요한'은 '제자 공동체'로, '그 이름'은 '아버지께서 나를 보내신 것'으로 대체되었다. 세상은 아버지께서 예수님을 세상에 보내신 것을 믿게 될 것인데 이것은 제자 공동체의 증언에 의해 진행될 것이다. 따라서 '믿는다'라는 단어는 요한복음 전체에 걸쳐 세상에 증언할 '믿음의 공동체'인 제자 공동체를 형성하는 것과 관련된다.

두 번째 부분(2:13-12:50)에서 '믿는 것'에는 영생이 주어진다(3:15, 16, 36; 5:24; 6:40, 47). 하지만 이미 언급한 바와 같이 두 번째 부분에서는 믿었던 사람들이 있긴 했지만 전체적인 평가는 많은 표적에도 불구하고 믿지 않았다는 것이다(12:37).

세 번째 부분, 즉 예수님과 소수 제자들과의 마지막 시간에서는 '믿는다'는 말이 좀 더 구체적으로 사용된다. 증언자 요한으로부터 제자 공동체로 증언의 주체가 바뀌었고 그들과의 마지막 시간이기에 '믿는다'는 것의 속성을 구체적으로 설명하신다. 본문은 다음과 같다(강조는 필자).

> 13:19 지금부터 일이 일어나기 전에 미리 너희에게 일러둠은 일이 일어날 때에 <u>내가 그인 줄</u> 너희가 믿게 하려 함이로라
>
> 14:1 너희는 마음에 근심하지 말라 하나님을 믿으니 또 나를 믿으라
>
> 14:10-11 <u>내가 아버지 안에 거하고 아버지는 내 안에 계신 것</u>을 네가 믿지 아니하느냐 내가 너희에게 이르는 말은 스스로 하는 것이 아니라 아버지께서 내 안에 계셔서 그의 일을 하시는 것이라 <u>내가 아버지 안에 거하고 아버지께서 내 안에 계심을</u> 믿으라 그렇지 못하겠거든 행하는 그 일로 말미암아 나를 믿으라
>
> 14:12 내가 진실로 진실로 너희에게 이르노니 나를 믿는 자는 <u>내가 하는 일을 그도 할 것이요 또한 그보다 큰 일도 하리니</u> 이는 내가 아버지께로 감이라
>
> 14:29 이제 일이 일어나기 전에 너희에게 말한 것은 일이 일어날 때에 너희로 믿게 하려 함이라
>
> 16:9 죄에 대하여라 함은 그들이 나를 믿지 아니함이요
>
> 16:27 이는 너희가 나를 사랑하고 또 <u>내가 하나님께로부터 온 줄</u> 믿었으므로 아버지께서 친히 너희를 사랑하심이라
>
> 16:30-31 이로써 <u>하나님께로부터 나오심을</u> 우리가 믿사옵

나이다 예수께서 대답하시되 이제는 너희가 믿느냐
17:8, 20-21 위에 이미 언급했음.

위에 밑줄 친 것을 중심으로 두 가지를 주목할 필요가 있다. 하나는 믿는 것의 내용이 구체적으로 언급된 것이다. 예수님이 누구신지(13:19)를 아는 것과 아버지와의 관계(14:10-11)를 이해하는 것과 그가 어디서 왔는지(16:30)를 아는 것이 믿음의 내용이다. 제자들은 예수님께서 유대인들에게도 이와 같은 내용으로 말씀하시는 것을 지켜보았다(8:28; 10:38). 하지만 차이가 있다. 유대인들은 그 내용을 후에 단지 알게 될 것이고 (8:28) 제자들은 그 내용을 믿게 된다는 점이다(13:19). 제자들이 '믿게 된 것'은 어떤 특정한 표적이나 사건에 의해서가 아니라 예수님과 친밀한 관계를 맺은 모든 과정을 통해 이루어진 것이다.

두 번째로 제자들의 믿음은 그들이 참여하게 될 사역과도 관련된다. 믿음의 제자 공동체는 예수님께서 하신 사역을 이어가며 심지어 더 큰 일을 감당하게 될 것이다. 제자 공동체의 믿음은 단지 자신들만을 위한 것이 아니라 세상에서 확장될 것을 포함한다.

결론적으로 요한은 복음서 전반에 걸쳐 예수님이 제자 공동체를 어떻게 믿음의 공동체로 만들어나가시는지에 초점을 두고 있으며 이 믿음의 공동체는 세상에 보내어져 성령의 도우심을 통해 성삼위 하나님의 위대한 사역을 이어간다. 따라서 기록의 목적을 나타내는 문장에서 '믿는다'는 것의 의미는 관계와 사역을 모두 포함한다. 요한복음이 이미 믿는 자들을 위해 기록되었는지 아니면 믿지 않는 자들을 대상으로 기록되었는지를 아는 것이 중요한 것이 아니라 성삼위 하나님과 관계를 맺는 깊이와 세상에서 그 믿음을 확장해 가는 넓이를 이해하는 것이 초점이다. 그것은 이미 믿는 자이든 아직 믿지 않는 자이든 모두에게 동일하게 중요하다. 예수 안에서 믿는다는 것은 성삼위 하나님의 공동체에 속하는 동시에 선교적 공동체에 속하는 것이다.

선교적 공동체의 시작

21 장의 역할

요한은 제자 공동체에 초점을 두었다. 제자 공동체가 믿음의 공동체로 변화해 가는 과정을 통해 믿음의 공동체가 선교적 공동체임을 기록했다. 그는 표적도 제자들 앞에서 행하셨다고 기록하였다. 그리고 기록의 많은 부분을 예수님과 소수 제자들과의 마지막 시간에 할애하였다. 부활 후의 이야기 역시 제자들에게 초점을 맞추고 있다. 제자 공동체에 대한 강조가 마지막 장인 21 장에도 중요한 주제이다. 마지막 장이 없다면 제자 공동체에 대한 이야기는 완성되지 않는다. 그럼에도 불구하고 21 장은 요한복음에 속한 것이 아닐 것이라는 주장이 계속되어 왔다. 그런 의심의 근거로 21 장에 26 개의 새로운 단어가 사용되었다는 것을 든다. 그렇게 본다면 19 장에는 62 개의 새로운 단어가 등장하며 20 장에도 17 개의 단어가 새롭게 나온다. 따라서 21 장에 그물을 던지는 이야기와 베드로의 대화 등 새로운 이야기에 26 개의 새로운 단어가 나온다고 해서 이상한 것은 아니다.

단어와 관련하여 21 장에 사용된 단어들이 앞의 이야기와 연속성을 보여주는 예도 얼마든지 있다. 예를 들어 디베랴(6:1, 23 vs 21:1), 디두모라 하는 도마(11:16 vs 21:2), 나다나엘(1:45-49 vs 21: 2), 사랑하시는 제자(13:23; 19:26 vs 21:7; 21:20) 등은 요한복음에만 나오는 표현이면서 21 장 전과 21 장 모두에 나오는 표현들이다.[17] 20 장에서 제자 공동체를 파송(20:21-23)하기 때문에 21 장은 불필요하다고 말하기도 하는데 요한복음 전체에 걸쳐 보여주는 요한의 이야기 서술 방식을 오해하기 때문이다. 제자 공동체가 창조되어 파송되는 것으로 끝난다면 복음서 전체를 통해 강조해온 제자 공동체의 속성은 과업으로 대체되고 성경에서 과업에 대한 지지 본문만을 찾는 사람들이 즐겨 찾는 본문에 그쳤을 것이다. 하지만 21 장을 통해 부활이라는 놀라운 사건을 경험한 제자들에게 다시 한번 제자 공동체가 선교 공동체로서 가져야 하는 속성을 드러내면서 마감한다. 이 속성은 두 핵심 제자들의 이야기를 통해 전개된다.

베드로의 등장

마지막 부분에서 두 명의 제자, 즉 베드로와 사랑하시는 제자의 이야기가 핵심을 이룬다. 두 사람은 십자가 사건 직전 대제사장의 뜰(18:15-16)에도 함께 등장하고 부활 후 빈 무덤에도 함께 등장하며(20:3-10), 마지막 갈릴리 바다(21:20)에도 함께 등장한다. 이 두 제자의 이야기를 통해 제자 공동체가 어떤 선교 공동체가 되어야 하는지 그 속성을 볼 수 있다.

먼저, 베드로의 이야기는 인간의 열정과 하나님과의 관계를 기초로 한 열정 사이의 차이를 보여준다. 베드로는 여러 장면을 통해 열정을 가진 제자로 그려진다. 세족식에서 베드로는 씻김을 사양하는 겸손한 태도를 가졌지만 그것이 주님과 상관하는 것임을 알고 나서는 온몸을 씻어 달라는 열의를 보인다. “주를 위하여 내 목숨을 버리겠나이다”(13:37)라는 베드로의 고백도 그의 열의를 드러낸다. 후에 칼로 “대제사장의 종을 쳐서 오른편 귀를 베어”(18:10) 버리는 행동도 열의를 증명한다. 그런데도 예수님은 베드로의 열의를 용납하는 것 같지 않다. 예수님은 이렇게 응답하신다.

> “네가 나를 위하여 네 목숨을 버리겠느냐 내가 진실로 진실로 네게 이르노니 닭 울기 전에 네가 세 번 나를 부인하리라”(13:38). “칼을 칼집에 꽂으라 아버지께서 주신 잔을 내가 마시지 아니하겠느냐”(18:11).

예수님의 말씀처럼 베드로는 닭이 울기 전 3 번 예수님을 부인했다. 부활 후에 소개되는 베드로의 이야기에서 최소한 베드로가 가진 열의가 진정성을 가지고 있다는 것은 부인할 수 없다. 베드로와 사랑하시는 제자는 무덤으로 달려갔으며(20:4), 후에 갈릴리 바다에서 예수님이라는 말에 베드로는 곧바로 물로 뛰어들었다(21:7).

마지막 장의 이야기는 개인적인 진정성에도 불구하고 선교적 공동체의 참 헌신이 무엇인가를 요한의 방식대로 직접적이지 않으면서 강렬하게 드러낸다. 베드로가 예수님을 부인하던 상황과 마지막 갈릴리 바다의 상황은 비슷한 배경을 통해 비교된다. ‘숯불’(안트라키아)은 요한복음에서만 사용되는 단어인

데 베드로가 부인할 때(18:18)와 예수님께서 베드로를 갈릴리 바다에서 다시 만날 때(21:9) 등장한다. '새벽'(프로이, 18:28)과 '날이 새어갈 때에'(프로이아, 21:4)라는[18] 단어도 두 사건이 같은 시간에 발생했다는 것을 보여준다. 또한 대제사장의 뜰에서 있었던 베드로의 세 번 부인과 갈릴리 바다에서 진행된 세 번의 고백 역시 두 사건을 비교하고 있다는 것을 암시한다.

이렇게 주변 장치를 통해 요한은 두 사건이 대조를 이루고 있다는 사실을 강조한다. 앞의 사건은 베드로 개인이 가진 열의가 비록 진정성을 가지고 있지만, 포도나무 비유를 통해 스스로 열매를 맺을 수 없다(15:4)고 말씀하신 것과 같이 실패로 귀결됨을 보여준다. 그와는 대조적으로 마지막 장에서 예수님은 베드로에게 '네가 나를 사랑하느냐'고 물으시면서 다시 사랑의 관계 확인하신다. 사랑의 관계, 즉 포도나무에 붙어 있는 것이 사역의 기초이며 자신들의 '양'이 아닌 예수님의 '양'을 돌보는 것이 사역의 근본이 되기 때문이다. 두 사건의 비교는 예수님께서 베드로에게 말씀하시는 사역이 목회적인 것인가 아니면 전도적인 것인가에 초점이 있는 것이 아니라[19] 선교적 공동체의 기초, 사역의 근본적인 소유 등에 대한 이야기이다. 예수님께서 베드로에게 하신 말씀이 개인적인 능동성과 예수님으로 인한 수동성의 대조를 요약한다.

> “내가 진실로 진실로 네게 이르노니 네가 젊어서는 스스로 띠 띠고 원하는 곳으로 다녔거니와 늙어서는 네 팔을 벌리리니 남이 네게 띠 띠우고 원하지 아니하는 곳으로 데려가리라”(21:18).

마지막 장을 통해 부활 후에 예수님께서 말씀하셨던 보내심의 의미가 재확인된다. 세상에 보내어져 감당하게 될 선교적 공동체의 삶과 사역은 자신들의 열정에 기반하는 것이 아니라 예수님과 맺는 사랑의 관계에 기반하며 자신들의 사역이 아니라 예수님께 속한 사역을 감당하는 일이다.

이 모든 것을 함축하여 요한복음은 최종 결론을 맺는다. “나를 따르라”(21:19). “나를 따르라”는 문장은 요한복음에 두 번 등장한다. 한 번은 첫 장에(1:43) 그리고 나머지는 마지막 장에(21:19) 등장한다. 예수님께서 이 같은 단어를 다른 의미로 두 번 사용했는지는 알 수 없지만, 최소한 제자들의 입장에서 이 단어는 같은 단어이지만 다른 의미로 이해되었을 것이다. 처음에 “나를 따르라”고 하신 것은 물리적으로 따라오라는 이야기로 이해했을 것이고 실제로 제자들은 가서 그날 예수님과 함께 머물렀다. 하지만 이 마지막 장에서 말씀하신 “나를 따르라”는 진정한 제자로 평생 예수님과 함께 거하며 그 길을 가는 것으로 이해되었을 것이다. 그러므로 요한복음은 제자들이 예수님을 물리적으로 따르기 시작하면서 예수님을 통해 점차 참 제자로 변해가는 과정을 그리고 있는 복음서이다.

레슬리 뉴비긴(Newbigin 1982, 19)은 요한복음 전체가 예수님을 따른다는 것을 설명하는 것으로 볼 수 있다고 말하며 보컴(Bauckham 2015, 145)은 요한복음에서 요한이 '따르다'라는 단어를 어떻게 사용하는지 주의 깊게 살펴보면 제자들이 '따르다'는 의미를 진정으로 이해한 것은 예수님의 십자가와 부활 사건 후라고 말한다.

이 모든 것을 고려할 때 예수님을 진정으로 따르는 제자 공동체의 출범은 십자가와 부활 후 제자 공동체의 창조를 마친 후에 시작됨을 알 수 있다. 이런 의미에서 마지막 장은 그저 사족처럼 첨가된 부분이 아니라 진정한 의미에서 제자 공동체가 출범된 것을 보여주는 중요한 이야기이다. 요한은 제자 공동체의 파송을 20장에 소개된 파송의 선포에서 끝내지 않고 예수님께서 음식을 준비하시고 사랑의 관계를 다시 확인하시며 그것을 기초로 끝까지 예수님의 모든 것을 따르는 것임을 강조하며 복음서를 끝낸다.

사랑하시는 제자

부활 이야기 전과 후에 등장하는 사랑하시는 제자의 이야기를 통해서도 선교적 제자 공동체의 특성을 볼 수 있다. 요한복음에 기록된 대로(21:24) 사랑하시는 제자가 요한복음을 기록한 요한 자신인 것을 받아들인다면[20] 사랑의 관계를 강조하는 요한복음의 주제는 요한 자신이 예수님과의 관계를 통해 경험한 내용을 바탕으로 기초로 하고 있음을 알 수 있다. 그 관계는 '사랑하시는 제자'(13:23; 19:26; 21:7, 20)라는 표현뿐만이 아니라 예수님께 가까이 있는 그의 모습을(13:23) 통해서도 드러난다. '사랑하시는 제자'라는 표현이 등장하는 본문들을 살펴보자(강조는 필자).

> 13:23 예수의 제자 중 하나 곧 그가 **사랑하시는 자**가 예수의 품에 의지하여 누웠는지라
> 19:26-27 예수께서 자기의 어머니와 **사랑하시는 제자**가 곁에 서 있는 것을 보시고 자기 어머니께 말씀하시되 여자여 보소서 아들이니이다 하시고 또 그 제자에게 이르시되 보라 네 어머니라 하신대 그 때부터 그 제자가 자기 집에 모시니라
> 21:7 예수께서 **사랑하시는 그 제자**가 베드로에게 이르되 주님이시라 하니 시몬 베드로가 벗고 있다가 주님이라 하는

말을 듣고 겉옷을 두른 후에 바다로 뛰어 내리더라
21: 20 베드로가 돌이켜 예수께서 **사랑하시는 그 제자**가
따르는 것을 보니 그는 만찬석에서 예수의 품에 의지하여
주님 주님을 파는 자가 누구오니이까 묻던 자더라

사랑하시는 제자가 등장하는 이야기들은 그가 예수님과 가진 친밀한 관계를 잘 드러낸다. 이 이야기들은 단순히 한 개인이 예수님과 맺은 관계에 대한 소개라기보다는 요한복음의 반복되고 강조되는 주제로서 제자 공동체가 예수님과 맺은 그리고 서로 간에 맺어야 할 사랑의 관계를 다시 한번 강조해 주는 이야기이다.

먼저, 요한은 자신이 예수님과 맺은 깊은 관계를 통해 아버지와 아들의 관계를 이해하는 데까지 나아간다. 요한복음에 '품'(콜포스)이라는 단어가 세 번 나오는데 두 번은 요한이 예수님의 품에 기대어 있는 것을 말할 때 사용된다(13:23; 21:20). 예수님의 품을 경험한 요한은 예수님과 하나님의 관계를 소개할 때 동일한 단어를 사용한다.

"본래 하나님을 본 사람이 없으되 아버지 품 속에 있는 독생하신 하나님이 나타내셨느니라"(1:18).

아버지의 품에 계신 아들과 아들의 품에 있는 제자는 예수님께서 기도하신 것의 한 예를 보여준다.

> "아버지여, 아버지께서 내 안에, 내가 아버지 안에 있는 것 같이 그들도 다 하나가 되어 우리 안에 있게 하사"(17:21).

두 번째로, 요한이 예수님과 맺은 내밀한 관계는 이후 그가 감당할 사명으로 이어진다. 세상에서 자신의 삶을 마감하시는 순간에 예수님은 어머니와 제자를 어머니와 아들의 관계로 엮어 주신다. 육신의 어머니에게 자신을 대신해 아들 하나를 세우는 이야기가 아니라 세상에서 선교적 공동체로 살아갈 제자 공동체에게 서로를 사랑하고 돌보는 깊은 관계가 얼마나 필수적인지를 드러낸다.

마지막으로, 요한이 갈릴리 바다에서 예수님을 알아보는 이야기는 예수님께서 앞서 이야기한 '양'의 이야기를 상기시킨다. 새벽 시간 예수님은 갈릴리 바닷가에 서 계셨고 제자들은 아직 날이 밝지 않았기에 예수님을 알아보지 못했다. 가장 먼저 예수님을 알아본 것은 사랑하시는 제자인 요한이었는데(21:7), 그가 예수님을 눈으로 보고 알아본 것이 아니라 "그물을 배 오른편에 던지라"(21:6)고 말씀하신 것 그리고 그 결과

많은 고기를 잡은 것 등이 그들이 처음 예수님을 따를 때 있었던 상황(참고, 눅 5:4-6) 등, 예수님과 맺고 있던 친밀한 관계와 기억을 바탕으로 알아보았을 것이다. 예수님께서 "양들이 그의 음성을 아는 고로 따라오되"(10:4)라고 말씀하신 것과 "나는 선한 목자라 나는 내 양을 알고 양도 나를 아는 것이 아버지께서 나를 아시고 내가 아버지를 아는 것 같으니"(10:14-15)라고 말씀하신 것은 물리적 소리나 안면 인식 등을 말한다기보다는 함께 맺은 깊은 관계를 표현하는 말씀이다. 사랑하시는 제자가 후반부에 등장하고 특별히 부활 후의 이야기에 등장하여 '예수님께서 사랑하시는 제자'라는 말로 표현된 것은 제자 공동체에서 사랑의 관계가 얼마나 중요한 요소인지를 확인해 준다.

결론의 요약과 선교적 함의

후반부에서는 예수님께서 이 땅에 오셔서 이루신 것의 두 가지 측면을 살펴보았다. 예수님께서 이 땅에서 성취하신 것은(텔레오, 19:30) 동의어인 '텔레이오오'의 두 가지 의미를 통해 드러났다. 하나의 성취(텔레이오오)는 구약에 예언된 것의 성취이며 그리스도의 구속적인 역할이 강조된다. 요한은 예수님이 구약에서 예언된 분으로서 특별히 세상의 구원을 위해 오신 희생의 양이라는 사실을 세 번의 유월절 이야기를 통해 보여준다. 또 다른 성취(텔레이오오)는 믿음의 공동체인 제자 공동체를 형성한 것이다. 이는 그리스도의 선교적 성취이다. 예수님 생애의 가장 절정이라고 할 수 있는 십자가와 부활은 구원의 역사가 제자 공동체에 의해 새로운 단계로 이동하는 모습을 보여준다. 부활 후에 진행되는 이야기는 바로 이 새로운 단계에 초점을 맞춘다. 예수님께서 이 땅에 오심으로 시작된 새로운 창조의 시작은 제자 공동체가 믿음의 공동체로 완성되어 절정에 이르고, 이 공동체가 보혜사 성령의 도우심으로 세상에서 재창조를 지속해 나갈 것이다.

요한복음이 가진 창조의 주제는 부활 후에 나타나는 창조 모형에 의해 확인된다.

> "이 날 곧 안식 후 첫날 저녁 때에… 그들을 향하사 숨을 내쉬며 이르시되 성령을 받으라"(20:19-22).

제자 공동체의 창조라는 주제는 전반부와 후반부의 이야기를 제자 공동체의 창조 여정으로 볼 수 있도록 시각을 제공해 준다. 예수님의 표적과 가르침, 그리고 제자들과 함께 거하신 것은 제자 공동체를 선교적 공동체로 형성해 가는 시간이 된다. 마침내 그들에게 숨을 내쉬며 성령이 함께 하시는 선교적 공동체가 형성되었음을 선포하신다.

이 전체 그림은 마지막에 소개된 복음서 기록의 목적을 이해하는 데 기여한다. 기록의 목적과 관련하여 두 가지를 주목할 필요가 있다. 하나는 복음서 기록의 목적은 제자 공동체를 형성하고 준비시키는 데 있다. 복음서의 독자가 불신자이든 기존 신자이든 상관없이 '믿는다'는 것은 예수 그리스도 안에 속하고 남아 있어 세상에서 예수 그리스도를 증언하는 삶을 사는 것이다. 요한은 복음서를 읽는 누구든지 이러한 '믿음'의 수준, 즉 제자 공동체에 속하기를 바라고 있다.

다른 하나는 복음서의 마지막 장인 21 장은 사족처럼 추가된 것이 아니라는 점이다. 마지막 장을 포함하여 부활 후의 이야기는 파송된 제자 공동체의 핵심 속성을 강조한다. 이 이야기가 없다면 제자 공동체의 파송은 예수님의 파송 선포로 끝나게 된다. 하지만 마지막 이야기, 특별히 두 제자의 이야기를 통해 선교적 공동체의 핵심 속성인 사랑의 관계를 재확인한다. 요한복음은 믿는 자나 아직 믿음을 갖지 못한 자 모두를 위한 복음서이지만 그 모두에게 강조하는 것은 제자 공동체에 속하여 성삼위 하나님의 공동체에 속해야 한다는 것이다. 그리하여 세상에서 많은 열매를 맺는 공동체가 되는 것이다.

6

요한복음 선교적 읽기를 통해 발견한 것들

너는 나를 따르라

요한복음 21장 22절

6

요한복음 선교적 읽기를 통해 발견한 것들

새로운 창조 과정을 보여주는 요한복음

요한복음을 선교적으로 읽기 위해 취한 하나의 관점은 거대서사(grand narrative)의 시각에서 읽은 것이다. 이는 주어진 본문을 하나님의 거대한 이야기 속에서 조망해 보는 일이다. 이런 관점에서 볼 때 요한복음이 보여주는 한 가지 중요한 주제는 창조 중심의 이야기이다. 첫 창조로부터 시작하여 재창조 혹은 새로운 창조인 제자 공동체를 형성하는 것이다. 그리고 그 창조의 전 과정은 예수 그리스도를 통하여 이루어진다. 요한복음 안에 창조 이야기는 복음서의 처음과 예수님의 공생애 시작 부분과 부활 후의 이야기 속에 드러난다.

먼저, '태초에'로 시작하는 요한복음은 창세기를 연상시킨다. 그리고 이어지는 이야기 속에서 빛과 생명 등의 용어들 역시 창세기의 창조 이야기와 맥을 같이한다. 그러한 용어들만

이 아니라 직접적으로 창조의 사건을 언급한다. 특별히 요한복음에서는 창조의 사건에서 '말씀'의 역할을 강조한다.

> "만물이 그(말씀)로 말미암아 지은 바 되었으니 지은 것이 하나도 그가 없이는 된 것이 없느니라"(1:3).

앞선 구절에서 하나님과 말씀의 깊은 관계를 보여줌으로써 요한복음은 말씀을 통한 창조의 기초에 그 관계가 자리 잡고 있음을 말하고 있다. 그리고 나서 창조를 감당한 그 말씀이 인간이 되어 세상에서 그의 사역을 시작한다는 것은 이미 예수님의 사역이 창조의 관점에서 진행된다는 사실을 암시한다. 하나님은 첫 창조를 그 말씀을 통해 이루셨을 뿐 아니라 타락한 세상의 새로운 창조도 그 말씀을 세상에 보내셔서 진행하신다.

두 번째로, 예수님께서 공생애를 시작하는 첫 주간도 창조와 관련된다. 이 새로운 창조의 주간에 예수님은 소수의 제자들을 불러 모으신다. 첫 주간의 이야기에서 요한은 '이튿날'(1:29, 35, 43), '그 날'(1:39), '사흘째'(2:1)라는 용어들을 사용하여 한 주간을 암시한다. 요한은 예수님의 '제자'라는 표현(2:2, 11, 12)을 가나의 혼인 잔치에서 사용하여 예수님께서 제자들과 함께 예루살렘으로 가시기 전에 소수의 제자 공동체가 완성

-모였다는 의미에서- 되었음을 보여준다. 가나의 혼인 잔치에 여러 상징적인 것들이 섞여 있는 가운데 이야기의 결론은 제자들이 예수님을 믿었다(2:11)는 것이다. 이 믿음은 믿음의 완성이기보다는 그 제자 공동체가 결국 믿음의 공동체가 될 것을 복음서의 서론에서 보여주는 것이다. 요한은 '제자'라는 단어를 12 명으로 표현되는 소수의 제자들로 제한하지 않고 넓게 사용한다. 그럼에도 불구하고 여러 이야기 속에 등장하는 대부분의 '제자'는 소수의 제자들을 표현하는 용어이다.

요한복음에 나타난 예수님의 첫 주간이 창조의 첫 주간을 연상케 하지만 새로운 제자 공동체가 믿음의 공동체로 완성되었다고 오해해서는 안 된다. 제자 공동체의 속성과 모습은 이후에 진행되는 예수님의 사역, 특별히 성전과 율법 중심으로 살아가는 유대인들과의 논쟁과 여러 주변부 사람들과의 만남을 통해 드러난다. 예수님은 사역을 통해 사회-종교-인종 등의 장벽을 넘어 모든 사람들을 포함하는 새로운 공동체를 제시하신다. 따라서 첫 주간에 소수의 제자들을 모으신 것은 완성이 아니라 창조의 과정을 시작하는 것으로 이해해야 한다.

마지막으로, 창조 이야기는 부활 후에 다시 등장한다. 부활하신 날 저녁에 예수님은 제자들을 찾아오신다. 요한은 그날을 '안식 후 첫날'(20:19), 즉 한 주간의 첫날로 기록함으로써 새로운 것이 시작되었음을 알린다. 이 만남에서 예수님은 제자들을 향해 숨을 내쉬며 “성령을 받으라”(20:22)고 말씀하신다. 요한은 여기서 ‘숨을 내쉬다’(엠푸사오)라는 단어를 사용하는데 신약성경 전체에 걸쳐 단 한 번 사용된 단어이다. 헬라어 구약(70 인역)에서 창세기의 창조 때에 하나님께서 숨을 불어넣은 단어이며(2:7) 동시에 에스겔서에서 마른 뼈들에게 생기를 불어넣을 때에 사용된 단어이다.

> “또 내게 이르시되 인자야 너는 생기를 향하여 대언하라 생기에게 대언하여 이르기를 주 여호와께서 이같이 말씀하시기를 생기야 사방에서부터 와서 이 죽음을 당한 자에게 불어서 살아나게 하라 하셨다 하라”(37:9).

요약하면 요한복음을 전체 정경 안에서 읽으면 창조라는 주제가 요한복음의 핵심을 이루고 있으며 요한복음의 전 과정이 제자 공동체를 창조해 가는 데 초점을 두고 있음을 알게 된다. 부활 후에 숨을 내쉬며 제자 공동체를 형성하신 것은 새 창조와 회복이라는 두 가지 면을 보여준다. 창세기와 창조와 관련해서는 새로운 창조이고 에스겔서의 마른 뼈의 회복과 관련해서는 하나님 백성이 가진 선교적 정체성의 회복이다.

제자 공동체의 형성을 보여주는 요한복음

요한복음에서 발견하는 또 하나의 중요한 주제는 예수님께서 제자 공동체를 선교적 공동체로 세워나가는 방식이다.

서론 부분에서 예수님은 제자들을 불러 모으시고 전반부 사역에서는 그들과 함께 다양한 계층의 사람들을 만나면서 앞으로 세워질 선교적 공동체는 어떤 속성과 모습이 되어야 하는지를 보이시며 후반부에서는 소수의 제자들과 신밀한 시간을 별도로 가지시며 선교적 공동체에 대해 깊게 설명하신다. 마지막으로 부활 후에 다시 한번 확인하신다. 그것은 과업 자체에 대한 이야기가 아니라 세상에 보내어질 제자 공동체가 가져야 할 선교적 속성에 대한 이야기이다. 제자 공동체의 창조 과정은 곧 선교적 공동체의 창조 과정이다. 요한복음에서 제자 공동체의 형성은 이 땅에 오신 예수님의 많은 사역 중 하나가 아니라 가장 핵심적인 사역으로 묘사된다.

먼저, 요한복음에서 제자 공동체가 가장 우선순위에 있다. 예수님은 사역의 시작부터 제자들과 함께 시작하고 그들과 함께 모든 과정을 함께하며 자신의 마지막 시간도 제자들과 함께 끝내신다. 비록 예수님께서 유대인들과 군중들 앞에서 많은 표적을 행하셨지만 이 모든 일은 궁극적으로 "제자들 앞에서"(20:30) 행한 것이었음을 요한은 밝힌다. 이는 요한복음에 기록된 많은 표적과 기록되지 않은 표적들 모두는 제자 공동체를 선교적 공동체로 형성해 가면서 진행된 일종의 교육 프로그램이다. 예수님께서 제자들을 형성하는 일에 집중하셨다는 것은 예수님 자신의 말씀에도 나타난다.

> "나는 선한 목자라 선한 목자는 양들을 위하여 목숨을 버리거니와"(10:11). "나는 양을 위하여 목숨을 버리노라"(10:15). "사람이 친구를 위하여 자기 목숨을 버리면 이보다 더 큰 사랑이 없나니 너희는 내가 명하는 대로 행하면 곧 나의 친구라"(15:13-14)

두 번째로, 요한복음에서 제자 공동체의 형성은 예수님께서 이 땅에서 이루신 두 가지의 중요한 성취 가운데 하나이다. 두 가지 성취는 구약에 예언된 예수님에 관한 말씀이 성취되는 것이며 이는 구속적 그리스도의 성격이 강하다. 동시에 다른 성취는 제자 공동체를 믿음의 공동체로 형성하는 것인데 그 목적은 제자 공동체가 보혜사 성령의 도우심을 입어 세상에서 선교적 공동체로 살아가며 사역할 것이기 때문이다. 따라서 이는 선교적 그리스도의 성취이다. 예수님께서 십자가 위에서 '다 이루었다'(텔레오)고 말씀하신 것은 구속적 그리스도의 성취(텔레이오오)와 선교적 그리스도의 성취(텔레이오오) 모두를 포함한다. 예수님께서는 제자 공동체를 형성한 선교적 그리스도의 성취를 자신의 기도에서 아버지께 이렇게 말씀드린다.

> "세상 중에서 내게 주신 사람들에게 내가 아버지의 이름을 나타내었나이다 그들은 아버지의 것이었는데 내게 주셨으며 그들은 아버지의 말씀을 지키었나이다 지금 그들은 아버지께서 내게 주신 것이 다 아버지로부터 온 것인 줄 알았나이다 나는 아버지께서 내게 주신 말씀들을 그들에게 주었사오며 그들은 이것을 받고 내가 아버지께로부터 나온 줄을 참으로 아오며 아버지께서 나를 보내신 줄도 믿었사옵나이다"(17:6-8).

세 번째로, 아버지와 아들이 보내시는 성령은 제자 공동체를 위한 일이다. 요한복음에서 성령은 보혜사(파라클레토스)로 소개된다(14:16, 26; 15:26, 16:7). 보혜사 성령이 오시는 이유는 제자 공동체를 인도하시기 위함인데 그 인도하셔야 할 이유는 그들이 예수님으로부터 세상으로 파송을 받기 때문이다. 세상에서 예수님을 증언할 제자 공동체와 함께 계실 것이다. 예수님은 말씀하신다.

> “내가 아버지께 구하겠으니 그가 또 다른 보혜사를 너희에게 주사 영원토록 너희와 함께 있게 하리니”(14:16)

위에 관찰한 내용을 생각해 볼 때 요한복음에서 그리고 있는 예수님은 제자 공동체에 모든 것을 쏟아부으시는 분이다. 제자 공동체를 믿음의 공동체로 형성하여 세상에 보내시는 것이 세상에 오신 예수님의 중요한 사역이다. 그들이 이 땅에서 예수님께서 가르치신 사역을 감당할 준비가 되어 있어야 예수님은 아버지께로 가실 수 있다. 그렇다면 예수님은 어떤 의미에서 제자들을 준비시키고 가르치셨는가? 요한복음에서 ‘제자’라는 용어가 때로는 광범위하게 사용된다.

> “그 때부터 그의 제자 중에서 많은 사람이 떠나가고 다시 그와 함께 다니지 아니하더라”(6:66).

하지만 예수님께서 제자 공동체를 형성하고 준비시키고 가르치셨다는 의미는 광범위하게 사용된 ‘제자’가 아니라 12 제자로 표현되는 소수의 제자 공동체를 의미한다. 따라서 소수의 제자 공동체와 어떤 관계를 맺으시고 이들을 향해 어떻게 사역을 진행하셨는지를 이해해야 한다. 예수님은 공생애 사역을 시작하시면서 소수의 제자들을 불러 모으셨고 진행하시는 모든 사역을 그들과 함께 다니시며 그들 앞에서 행하셨다. 그 이유는 제자 공동체가 배타적인 공동체가 아니라 세상에서 선교적 사명을 감당할 공동체이기 때문이다. 그들에게 하나님께서 바라시는 공동체의 모습을 가르치셨다. 그들을 통해 이루어질 공동체는 모든 민족과 모든 계층을 포함한다. 또한 그들이 무엇을 해야 하는가에 앞서 제자 공동체가 무엇이 되어야 하는지, 어떤 속성을 지녀야 하는지 가르치신다. 십자가를 지시기 전 긴 시간을 제자들과 가지면서 예수님은 '하나 됨'을 강조하셨다. 제자 공동체는 예수님을 통해 하나님과 하나 되며 그들도 서로 하나가 되어야 한다. 또한 세상에서 예수님을 증언하여 새롭게 믿는 자들과도 하나가 되어야 한다.

성령 안에서 아버지와 아들과 제자 공동체의 연속성을 보여주는 요한복음

설명한 바와 같이 요한복음을 선교적으로 읽기 위해 거대서사의 관점에서 읽고 제자 공동체를 선교적 공동체로 형성해 가는 관점에서 살펴보았다. 선교적 읽기를 통해 발견한 것은 이 두 가지 관점이 통합된다는 것이다. 거대 서사의 관점은 하나님 혹은 하나님의 선교와 관련이 되고 선교적 공동체의 형성이라는 관점은 제자 공동체에 관한 것이다. 요한복음은 이것이 두 개로 나누어져 있기보다는 하나님과 제자 공동체가 연속선상에 있음을 강조한다.

하나님과 제자 공동체 사이에 이어져 있는 연속성은 성령 안에서 그리스도를 통해 양방향으로 진행되는 관계(bi-directional transitive relationship)이다.

양방향 중 하나의 방향은 '미시오'(*missio*), 즉 파송이라는 방향이고 다른 방향은 '데오시스'(*theosis*),[21] 즉 하나님과의 연합이라는 방향이다.

파송이라는 방향은 하나님으로부터 시작하여 인간을 향하며, 연합이라는 방향은 인간으로부터 하나님을 향한다. 살펴본 바와 같이 파송이라는 방향은 하나님과 말씀이 가진 친밀한 관계로부터 출발한다. 그 내밀하고 친밀한 관계는 만물의 창조로 표현되었다(1:3). 그리고 나서 다시 하나님께서 말씀이신 아들을 세상에 보내심으로 표현되었다(1:14; 3:16). 세상에 오신 아들은 아버지의 뜻을 행하신다(4:34; 5:30; 6:38). 아버지의 뜻을 행하시는 '구속적'이고 '선교적'인 사역 중 제자 공동체를 형성하는 것은 핵심 중 핵심이다. 그리고 아버지와 가진 관계와 같이 제자들과도 깊은 관계를 맺으신다. 그 맺은 관계를 기초로 하여 아들은 제자 공동체를 세상에 보내신다(20:21).

다시 말하면 예수님과 제자 공동체가 맺은 깊은 관계는 제자들의 파송으로 표현되었고 그들의 증언을 통해 더 많은 사람들이 거룩한 공동체에 오게 되는 것을 기대한다. 이는 아버지가 아들을 보낸 방식이다. 이 관계 안에 있고 사명을 감당하는 제자들에게는 죄를 사하는 권세가 주어진다(20:23). 파송의 방향은 '내려가는' 방향이다. 하나님의 사랑이 세상에 이르게 되는 방향으로서 가장 먼저 예수 그리스도를 통해서 이루어지며 성령 안에서 제자들을 통해 계속되고 지속된다.

다른 한편, 하나님과의 연합(데오시스)이라는 방향은 하나님께로 향하여 '올라가는' 방향이다. 데오시스에 대한 해석이 분분할 수 있으므로 여기서는 제자 공동체가 성령 안에서 하나님과 예수 그리스도의 거룩한 관계에 참여하는 것으로 정의한다. 예수님은 이렇게 말씀하신다.

> "나를 믿는 자는 나를 믿는 것이 아니요 나를 보내신 이를 믿는 것이며 나를 보는 자는 나를 보내신 이를 보는 것이니라"(12:44-45).

예수님은 제자들에게 "아들이 아버지 안에 계시고 아버지가 아들 안에 계시므로 예수님을 보는 것은 곧 하나님을 보는 것"(참고, 14:9-10)이라고 하셨다. 예수님을 통해 제자들은 거룩하고 신성한 관계에 참여한다. 예수님은 기도를 통해 '하나님과의 연합'을 다음과 같이 표현하신다.

> "우리가 하나가 된 것 같이 그들도 하나가 되게 하려 함이니이다 곧 내가 그들 안에 있고 아버지께서 내 안에 계시어 그들로 온전함을 이루어 하나가 되게 하려 함은"(17:22-23).

이 양방향으로 진행되는 관계는 상호적이다. 아버지께서 아들을 보내신 것은 그분들의 연합으로부터 출발했고 아들이 오심으로 인해 제자들이 하나님과 연합되는 것이 가능해졌다. 예수님께서 제자들을 보내시는 것도 제자들이 예수님을 통해 하나님과 연합한 것을 기반으로 하여 이루어졌다. 이 연합은 제자들을 통해 세상으로 보내져 확장될 것이다. 아들이 모든 것을 이루실 수 있었던 것은 그가 가진 하나님과의 연합으로 인해 가능했던 것같이 제자들도 그리스도를 통한 하나님과의 연합으로 말미암아 열매를 맺게 될 것이다. 우리가 '미시오', 즉 파송만 강조하면 여기저기 땅에 떨어져 말라버린 수많은 열매들을 보게 될 것이며 반대로 '데오시스' 즉 연합만을 강조하면 여기저기 돌출된 썩은 가지들을 보게 될 것이다. 파송은 연합을 기초로 해야 하며 연합은 파송에 의해 확인되어야 한다.

요약하면, 하나님과의 연합(데오시스)과 열매를 맺는 것(미시오)은 따로 떼어서 생각할 수 있는 것이 아니라 상호 연결되어 있다. 그런 의미에서 요한복음의 연합(데오시스)은 '선교적 연합'(missional *theosis*)이며 요한복음의 선교(미시오)는 '연합적 선교'(*theosis* mission)이다. 다만, 연합을 통해 열매를 맺는 것이지 열매를 통해 연합을 맺는 것이 아니기 때문에 하나님과의 연합과 하나 됨이 우선순위를 가지고 있다.

(하나님의) '선교'보다 (선교적) '하나님'을 말하는 요한복음

시대가 변하면서 '선교'라는 명사에 많은 수식어를 붙이면서 변화된 시대에 맞는 선교를 추구하여 왔다. 단기 선교, 비즈니스 선교, 문서 선교 등 헤아릴 수 없을 만큼 많은 수식어가 사용되어 왔다. 그럼에도 불구하고 크게 나누어 보면 근본적으로 '하나님의 선교'와 '교회의 선교'라는 논의로 들어가게 된다. 선교는 하나님의 선교인가 아니면 교회의 선교인가? 선교 활동을 지나치게 강조하여 발생하는 문제를 반성하는 차원에서 하나님의 선교라는 개념이 등장했다. 하지만 생각해 보면 '하나님의 선교'라는 용어 역시 내용과 별도로 왜곡의 가능성을 내포하고 있다. '하나님의' 라는 말이 하나님을 선교의 소유격 혹은 선교를 수식하는 단어로 사용함으로써 불필요한 선교의 소유 논쟁으로 발전하고 본래 목적인 하나님의 선교적 속성을 깊이 이해하는 데까지 나아가지 못한다.

요한복음은 비록 분리하지 않지만 (하나님의) '선교'(mission of God)보다 (선교적) '하나님'(God of mission or missional God)에 초점을 두고 있다. 하나님의 선교의 개념에서는 선교가 하나님의 것임이 강조될수록 제자 공동체 혹은 교회의 선교는 더욱 입지가 좁아지는 결과를 초래한다. 하지만 선교의 하나님 혹은 선교적 하나님의 개념에서는 하나님의 선교적 속성을 발견하면 할수록 제자 공동체인 교회가 세상에서 구현하고 살아내야 할 선교적 속성이 풍성해지고 깊어진다. 하나님의 선교적 속성은 교회의 선교를 제한하는 것이 아니라 교회가 닮아야 할 속성을 제공해 주기 때문이다.

아버지가 아들을 세상에 보내시고 아들은 제자들을 세상에 보내신다는 것은 요한복음에서도 명백한 부분이다. 하지만 여기서 '보내다'는 행위만을 강조해서는 안 된다. '보내다'는 단어가 내포하고 있는 기초와 내용을 간과하지 말아야 한다. '보내다'라는 동사는 요한복음에서 자주 사용되는 단어이다. '아포스텔로'와 '펨포'라는 두 개의 동의어가 사용되고 있는데 '아포스텔로'는 28 번 사용되고 '펨포'는 32 번 사용된다. 그중 대부분은 아버지가 아들을 보냈다는 말씀에 사용된다. '믿는다'는 동사와 마찬가지로 '보내다'라는 단어도 명사가 아니라 주로 동사 형태로 사용되기에 요한복음을 행동의 복음으로 보게 되는 경향이 있다. 그리고 그런 분석을 기반으로 선교는 행동하는 것이라고 결론을 내리기도 한다. 요한복음이 많은 동사를 사용하고 표면적으로 움직임이 많은 복음서인 것은 사실이지만 요한복음을 통해 알 수 있는 선교는 그런 움직임을 넘어서는 깊은 속성을 가지고 있다. 요한복음의 '보내다'라는 동사는 복음서 안에서 독립적인 행위를 주장할 목적으로 사용되지 않는다 '보냄'은 예수님의 부활 후에 이루어지기 때문에 '보냄'의 의미는 요한복음 전체적인 맥락 안에서 읽어야 한다.

데이빗 보쉬는 하나님의 선교를 이렇게 정의한다.

> "하나님 아버지가 아들을 보내시고 하나님 아버지와 아들이 성령을 보내신다는 미시오데이의 전통적 교리는 또 하나의 '움직임', 즉 아버지와 아들과 성령이 교회를 세상에 보내심으로 확장된다"(Bosch 1991, 390).[22)]

'보냄'을 강조하다 보니 성삼위 하나님께서 교회를 세상에 보낸다라는 말로 귀결이 되고 교회가 세상에서 선교해야 된다는 단순한 주장으로 이어진다. 여기서 "아버지와 아들과 성령이 교회를 세상에 보내신다"는 주장은 요한복음이 강조하는 부분도 아닐뿐더러 정확한 표현도 아니다. 요한복음의 내용에 기반한다면 오히려 "아버지께서 아들을 보내신 것 같이 아들도 그의 제자들을(혹은 교회를) 세상에 보내시며 아버지와 아들이 제자들에게 성령을 보내신다"라고 해야 한다. "아버지께서 아들을 보내신 것 같이"는 기초를 제공해 주며 "성령을 제자들에게 보내신다"는 것은 선교가 하나님의 선교에서 머물거나 교회의 선교로 이동되었다는 주장에 동의하지 않고 선교는 기본적으로 '함께 하는 선교'임을 강조한다. 이 기초와 함께함이 요한복음이 보여주는 성경적 선교의 특징이다.

먼저, 요한복음이 강조하는 것은 '보냄'을 가능케 하는 본질 혹은 기초이다. 아버지가 아들을 보내실 수 있었던 것은 두 분의 맺고 있는 관계에 기반했다. 마찬가지로 아들이 제자들을 보내실 수 있었던 것도 관계를 맺은 후에 가능했다. 포도나무 비유와 같이 붙어 있기 때문에 열매를 맺는 것이다. 보냄의 기초는 아버지와 아들의 관계와 하나 됨이고 그 관계 속에서 아버지의 뜻을 아는 것이다. 이와 동일한 방식이 제자 공동체가 세상에서 그들의 증언을 통해 하나님의 공동체에 편입될 사람들을 대할 때도 적용된다. 결론적으로 요한복음이 알려

주는 선교의 출발점(point of departure)은 아버지와 아들이 맺고 있는 관계와 아버지의 뜻을 아는 것이다.

다음으로 요한복음의 선교는 하나님으로부터 제자 공동체에까지 연속성을 가진 '함께하는 선교'(co-mission)이다. 요한복음의 파송 선언문인 "아버지께서 나를 보내신 것 같이 나도 너희를 보내노라"(20:21)는 요한복음의 전체 내용을 함축하며 '함께하는 선교'를 내포한다. 선교의 기원이 하나님께 있고 아버지와 아들이 맺고 있는 깊은 관계에 기반하지만, 그것이 선교는 하나님의 것이라는 소유를 강조하기 위함은 아니다. 기초를 제공하는 이유는 제자 공동체가 세상으로 보냄을 받아 감당하게 될 선교가 그들 스스로 고안해 낸 방식으로 과업을 이루는 방식이 아니라 아버지가 아들을 보내시는 방식으로 진행되어야 한다는 점을 강조하기 위함이다. 아버지와 아들과 성령이 교회를 세상에 보낸 것이 아니라 아버지와 아들이 성령을 제자들에게 보내시고 아들이 제자들을 세상에 보내신 것은 선교의 단절이 아니라 성삼위 하나님께서 지속적으로 제자 공동체를 통해 선교를 하고 계시다는 점을 말하고 있다. 예수님은 제자들에게 "내가 세상 끝날까지 너희와 항상 함께 있으리라"(마 28:20)고 말씀하셨는데 이는 성령을 통해 선교적 공동체인 제자 공동체와 함께 하시겠다는 말씀이다. 요한복음은 같은 의미의 말씀을 이렇게 표현한다.

> "내가 아버지께 구하겠으니 그가 또 다른 보혜사를 너희에게 주사 영원토록 너희와 함께 있게 하리니"(14:16).

미주

1) What you see and hear depends a great deal on where you are standing: it also depends on what sort of person you are.

2) Around the world one of the most neglected areas of missiological research has been ecclesiology.

3) 런던에 있는 올네이션스 칼리지(All Nations College)에서 그가 가르친 과목의 이름이 '선교의 성경적 기초'(The Biblical Basis of Mission)이었다(Wright 2006, 21-22).

4) 알랭 드 보통, 존 암스트롱, 2018, 19

5) 유대인이 누구인지 일반적으로 아는 것은 단순한 참고사항(reference)이고 요한이 이 용어를 어떻게 사용하는지를 이해하는 것은 분별력(sense)이다(Ashton 1985, 57).

6) 수전절은 레위기에서 제정된 명절이 아니라 신구약 중간기에(주전 2 세기) 그리스 식민지 상태에서 더럽혀진 성전을 유대 마카비 전쟁을 통해 승리하고 성전을 다시 정화한 것을 기념하는 절기이다.

7) 나다나엘과의 대화에서 "하나님의 사자들이 인자 위에 오르락 내리락 하는 것을 보리라"(1:51)고 하신 것은 야곱이 꿈에 보았던 사닥다리를 연상케 한다(창 28:12).

8) Brown, 1966, 206.

9) 출교라는 단어는 마틴이 주장한 '두 차원 드라마'의 단초가 되었다(Martyn 2003, 66). 이는 출교라는 말이 요한복음 9 장에 등장하는 날 때부터 소경된 자 뿐만이 아니라 이후 유대교와 갈등을 겪는 요한 공동체의 상황을 반영한 단어라는 것이다. 다시 말해 이 본문은 본문에 나오는 이야기와 본문을 기록할 후대의 상황을 동시에 표현하는 단어라는 말이다. 이런 식의 성경 읽기는 요한복음이라는 본문을 통해 예수님께서 말씀하고자 하는 내용 그리고 그 복음서를 기록한 요한이 보여주려는 내용에 초점을 두기보다 가상의 요한공동체라는 역사를 읽기 위해 본문을 사용하는 본말 전도의 오류를 범하게 된다.

10) 왕의 신하가 이방인인지 정확히 언급되어 있지 않으나 왕의 신하로서 이방인일 가능성이 있다.

11) 갈릴리는 이방의 갈릴리(마 4:15)라고 불리웠다.

12) 오쿠레는 사마리아 에피소드가 전체 요한복음의 축소판(miniature)이라고 하였다(Okure 1988, 55).

13) 옷의 조각(19:23), 오른쪽 부분(21:6)

14) 참고로 19:28 에 텔레오와 함께 나오는 '모든 일'은 '모든 것'이라는 단어의 우리말 번역일 뿐 '일'(에르곤)은 아니다.

15) Carson, 1991, 635. 'it may have to do with the desire to present the resurrection of Jesus as the beginning of something new'.

16) Metzger, 1994, 219.

17) 참조. Smalley, 1978, 96.

18) *proi*(18:28)는 '일찍이'라는 부사이고 *proia*(21:4)는 '새벽'이라는 명사로서 같은 의미이다.

19) 학자들 사이에 이런 논쟁이 있다. 카슨(Carson 1991, 677-78)은 강조가 목회에 있다고 말한다(the emphasis is now on the pastoral rather than the evangelistic).

20) 요한복음의 저자에 대한 많은 논쟁이 있지만 이 책에서는 주어진 그대로 사랑하시는 제자가 저자임을 받아들인다.

21) 동방정교회의 신학용어로 하나님과의 연합 혹은 일치로 해석될 수 있다. 여기서는 정교회의 교리적 의미로 사용하기보다는 '거룩한 관계에 참여한다'는 주제적 의미로 한정하여 사용한다. 하나님의 신성에 참여한다고 말할 때 인간이 '신'이 되는 것으로 보는 견해도 있기 때문이다.

22) The classical doctrine on the *missio Dei* as God the Father sending the Son, and God the Father and the Son sending Holy Spirit was expanded to include yet another "movement": Father. Son, and Holy Spirits ending the church into the world.

참고문헌

알랭드 보통, 존 암스트롱, 『알랭 드 보통의 영혼의 미술관』, 김한영 역, (파주: 문학동네, 2018).

Ashton, John, 1985.'The Identity and Function of the Ἰουδαῖοι in the Fourth Gospel.' *Novum Testamentum*, 27 (1), 40-75.

Bennema, Cornelis, 2009. *Encountering Jesus: Character Studies in theGospel of John*. Milton Keynes: Paternoster.

Bosch, David J., 1991. *Transforming Mission: Paradigm Shifts in Theology of Mission*. Maryknoll, NY: Orbis Books.

Brown, Raymond E., 1966. *The Anchor Bible: The Gospel According to John I-XII*. Garden City, NY: Doubleday.

Carson, D. A., 1991. *The Gospel According to John*. Nottingham: Apollos.

Lewis, C. S., 1970. *The Magician's Nephew*. New York: Macmillan.

Martyn, J. Louis, 2003. *History and Theology in the Fourth Gospel*. 3rd ed. Louisville, KY: Westminster John Knox Press.

Metzger, Bruce M., 1994. *A Textual Commentary on the Greek New Testament*. 2nd ed. Stuttgart: Deutsche Bibelgesellschaft.

Okure, Teresa, 1988. *The Johannine Approach to Mission: A Contextual Study of John 4:1-42*. Tübingen: Mohr Siebeck.

Shenk, Wilbert R., 1981. 'Rufus Anderson and Henry Venn: A Special Relationship?' *International Bulletin of Missionary Research*, 5 (4), 168-72.

Smalley, Stephen S.,1978. *John: Evangelist and Interpreter*. Exeter: Paternoster.

Wright, Christopher J. H., 2006. *The Mission of God: Unlocking the Bible's Grand Narrative*. Nottingham: InterVarsity Press.

VanEngen, Charles E., 1991. *God's Missionary People: Rethinking the Purpose of the Local Church*. Grand Rapids, MI: Baker Academic.